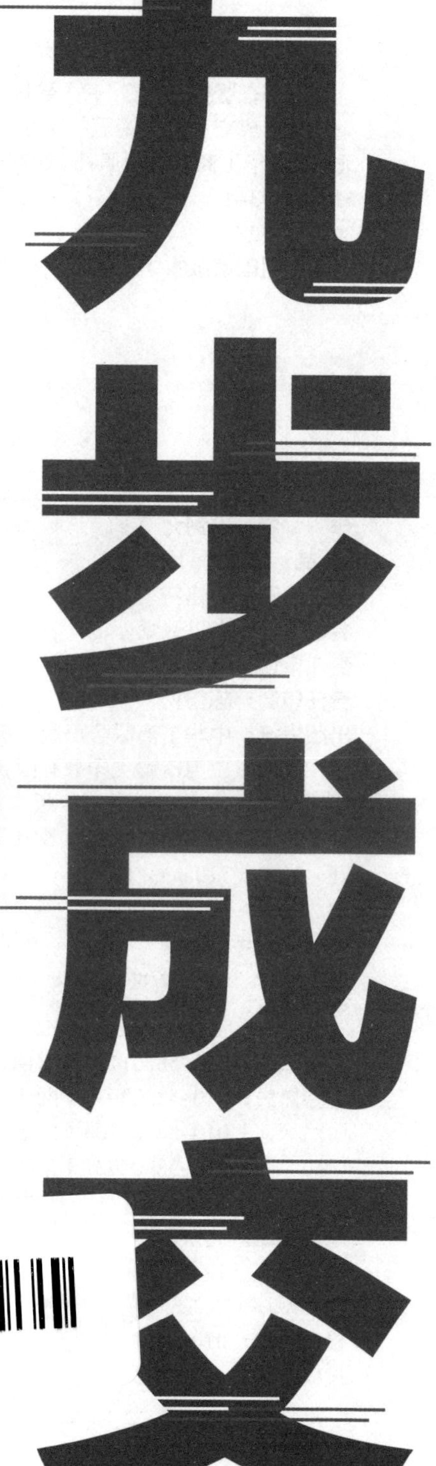

九步成交

成为销冠的秘籍

侯弼元◎编著

中华工商联合出版社

图书在版编目（CIP）数据

九步成交：成为销冠的秘籍 / 侯弼元编著 . 北京：中华工商联合出版社，2024. 12. --ISBN 978-7-5158-4173-1

Ⅰ. F274

中国国家版本馆 CIP 数据核字第 2025PD6574 号

九步成交：成为销冠的秘籍

作　　者：侯弼元
出 品 人：刘　刚
责任编辑：吴建新
装帧设计：尚世视觉
责任审读：付德华
责任印制：陈德松
出版发行：中华工商联合出版社有限责任公司
印　　刷：三河市腾飞印务有限公司
版　　次：2025 年 1 月第 1 版
印　　次：2025 年 1 月第 1 次印刷
开　　本：710mm × 1000mm　1/16
字　　数：167 千字
印　　张：13.5
书　　号：ISBN 978-7-5158-4173-1
定　　价：59.80 元

服务热线：010-58301130-0（前台）
销售热线：010-58302977（网店部）
010-58302166（门店部）
010-58302837（馆配部、新媒体部）
010-58302813（团购部）
地址邮编：北京市西城区西环广场 A 座
19-20 层，100044
http://www.chgslcbs.cn
投稿热线：010-58302907（总编室）
投稿邮箱：1621239583@qq.com

目录
Contents

第九章　销售冠军的自我修养

后记：勤学、苦干、执行到位，你可以超过了 99% 的销售同行

销冠很飒

不做总统就做销售员！

当年，有记者问贵为美国总统的克林顿："如果不做总统，您会选择做什么职业？"克林顿给出了这样的回答：没有总统，社会还可以正常运转；而如果没有销售员，我们社会的运转就会戛然而止。销售员为所有的学校、医院、商场、图书馆、公园以及所有对我们的生活至关重要的商品而奔波，同时用自己的销售业绩为企业创造利润，为国家创造税收。

销售的过程貌似风平浪静，时时处处都是"旋涡、暗礁"。唯有那些用聪明的头脑做销售工作的人，才能稳操胜券。如果你有志于此，请知道：销售精英是企业的脊梁，是家庭的大山，是朋友的楷模。

没有销售不出去的产品，只有不称职的销售员。销售精英于荆棘丛中杀出一条血路，在他们的词典里没有辛苦、没有胆怯，更没有阿Q，他们永不言弃。

公司、客户、个人是销售行为的利益攸关方，而销售员正是这一关系的平衡者和构建者。得体的语言、诚恳的态度、切入点的把握能力以及切实有效的技巧成就卓越的销售业绩，无疑，卓越的业绩使你成为职业生涯中的常青树。所以，订单是铁证，业绩是王道。

"如果想法改变，态度就会改变；如果态度改变，行为就会改变；如果行为改变，习惯就会改变；如果习惯改变，人格就会改变；如果人格改变，命运就会改变；如果命运改变，人生就会改变。"这段话出自《世界上最伟大的推销员》一书，道出了成为销冠的关键——一切始于认知的革新。今天，我要告诉大家的是：销售可以很有尊严，**销冠可以很飒！**

刚从事销售工作时，我也曾陷入“跪着赚钱”的误区。三四年后，我才逐步悟出：真正的销售不是低声下气的“乞讨者”，而是以专业能力服务客户的顾问型专家。销售也不是简单的卖产品，而是一门需要系统方法论支撑的专业技能。

在本书中，我将为你阐述现代销售技能的精髓。**本书分为认知与意识、实操与策略、技巧与素养三大板块，构建了一套完整的销售进阶体系。**从态度的重塑到专业能力的提升，从方法论的建立到技巧的运用，每一个维度都经过深入的思考和实战的检验。

“销售九步法”是我结合20多年的销售经验，提炼出的一套科学销售法，它就像太极九式一样，每一步都有其独特的作用和意义。从前期准备到最终的回款、复购，这九个步骤环环相扣，形成了一个完整的销售闭环。当你掌握了这套方法，就能在纷繁复杂的销售场景中找到清晰的行动路径。

现代销售早已不是简单的“用力销售”，而是讲究“用心销售”。在本书中，你不仅能学到SPIN话术等销售技巧，更能掌握建立信任、处理异议、谈判博弈等核心技能。我们将从认知到行动，从方法到技巧，系统地帮助你提升销售能力。

记住，销售员销售的不是产品，而是人；销售的核心不是推销，而是聆听与提问；销售的本质不是说服，而是帮助客户实现价值。当你真正理解并实践这些理念时，你就能以平等的姿态与客户对话，用专业的能力赢得客户的尊重。

让我们一起开启这场销售能力提升之旅。相信通过对这本书的学习与实践，你一定能从“跪着求单”变成“站着成交”，成为一个让人刮目相看的销售精英。

销冠，真的可以很飒！

Part One

上篇

认知与意识

如果想法改变，态度就会改变；如果态度改变，行为就会改变；

如果行为改变，习惯就会改变；如果习惯改变，人格就会改变；

如果人格改变，命运就会改变；如果命运改变，人生就会改变。

——畅销书《世界上最伟大的推销员》作者奥格·曼狄诺

第一章

态度是成为销冠的基石

记得我刚入行时，带我的老师说过一句话："你可以不会说话，可以不懂产品，但绝对不能没有一个好的态度。"当时我还不以为然，心想销售不就是把东西卖出去吗？现在想来，这句话真是一语道破了销售的真谛。我们要知道，客户最先看到的不是你的产品，而是你的态度。一个充满激情、昂扬向上的精神面貌，远比一大堆华丽的语言更有说服力。

我见过太多聪明的销售人员半途而废，也见过太多资质平平的新人最终成为销售精英。这两种人最大的区别就在于态度。态度好的人，即使遇到困难也会想办法解决；态度差的人，即使遇到机会也会抱怨困难。

一、不抱怨：不做缺乏责任感的抱怨者

“我们的产品不够好”“价格太贵了”“竞争对手太强了”……诸如此类的抱怨，几乎每个销售员说过。但你有没有想过：如果产品真的完美无缺，价格比竞争对手低，还要销售做什么？

你现在抱怨的产品缺点，恰恰是你证明自己价值的机会。**正是因为产品有不足，才需要我们去弥补；正是因为有差距，才能让优秀的销售员脱颖而出！**

每一句抱怨都在消耗我们的能量。我有个同事小张，整天抱怨产品性能不如竞品，结果越抱怨越对产品没有信心，最后连最基本的拜访量都完不成。此外，客户最讨厌的就是爱抱怨的销售员。一位客户告诉我：“如果连销售员自己都对产品没有信心，我凭什么相信这个产品？”

1. 试试把缺点变成机会

产品价格贵？这正好说明我们的产品品质过硬。产品功能不够完善？这正好表明我们专注于核心价值。没有最好的产品，只有最适合的解决方案。

很多时候，产品的缺点往往也是其特色所在。有一次，一位客户说我们的设备操作太复杂，我给他解释：“之所以操作比较复杂，是因为产品的功能比较强大。”

2. 用解决方案代替抱怨

与其抱怨问题，不如想办法解决问题。我的办公室里贴着两句话：“问题面前有两种人，一种人抱怨问题，一种人解决问题。后者往往能成为销冠。”

3. 记录并提交改进建议

与其抱怨产品不好，不如把发现的问题整理成改进建议，提交给产品部门。这样既能帮助产品改进，又能展现你的专业价值。

抱怨是懦夫的借口，行动才是强者的选择。抱怨解决不了任何问题，只会让问题变得更糟。作为专业的销售人员，我们的责任不是指出问题，而是解决问题。每一个产品的不足，都是我们展现自身价值的机会；每一处差距，都是我们超越对手的可能。

二、拓展好奇心，这是你成长的原动力

为什么这个客户不买我的产品？竞争对手的产品优势到底在哪里？客户的真实需求是什么？

这种永不停息的好奇心，是诸多销售冠军的共同特质。好奇心不仅能带来新的认知，更能让我们在面对挑战时保持积极向上的态度。

曾经有人问我："这么多年来，是什么让你在工作中保持持续进步？"我的回答是："永远保持好奇心。每次见客户，我都像第一次做销售一样充满好奇，这种好奇心让我不断学习、不断成长。"

好奇心不是天生的，而是需要后天刻意培养的。它就像一束光，照亮我们前进的道路。当你对工作充满好奇，对挑战充满热情，你就会发现销售工作不再是简单的商品交易，而是一场充满乐趣的探索之旅。

> 我有个同事小李，刚来公司上班时业绩平平。但他特别爱学习，客户用的每款产品他都要了解，行业里的每条新闻他都要打探。三年后，他成了我们部门的顾问级销售，客户都说："找小李聊天，总能学到新东西。"
>
> 好奇心能带来创新。有位客户一直用传统方案，我很好奇他为什么不能换个思路。通过深入了解，我们团队设计出了一套全新的解决方案，不仅解决了客户的痛点，还开创了公司的新业务方向。
>
> 销售行业瞬息万变，如果没有好奇心，很容易被淘汰。

期来看反而能帮您省钱。”

（2）把困难变成机会

每个困难都是展现价值的机会。正是这些看似“难以完成”的任务，让我们开发出了新的解决方案，同时开拓了新的市场。

3. 培养乐观的习惯

（1）记录每一个进步

进步往往是细微而缓慢的。我建议每天记录一件做成的事情，哪怕是很小的成功。比如，今天多了解了一个客户的需求，或者想到了一种新的销售方法。

（2）向优秀者学习

观察那些成功的同事是如何面对困难的。你会发现，他们很少抱怨，而是把更多精力用在积极寻找解决方案上。

生活中不会缺少挫折和困难，但乐观者永远着眼于那1%的可能性。记住，机会总是留给有准备的人，更会留给那些永不言弃的人。

四、有韧性：屡败屡战才能屡战屡胜

可以说，每个销冠都经历过无数次的失败和拒绝。正是那些失败和拒绝，让他们不断提升、不断进步。每一次失败都是一次实战演练，每一次拒绝都是一次学习机会。

> 大学毕业后，小陈去了一家销售公司，一开始业绩很差，连续三个月没有订单。但他把每次失败都记录下来，认真分析原因。半年后，他不仅业绩出众，还总结出了一套独特的销售方法。现在他经常说："那段失败的经历是我最宝贵的财富。"

销售不是一帆风顺的工作。我见过太多人在第一次失败后就选择了放弃，但真正的高手都是在失败中成长起来的。就像我们部门的销冠老王常说："没有经历过几千次被拒绝的销售，不足以谈论成功。"

1. 如何正确对待失败

想要正确对待失败，首先应建立失败复盘机制。每次失败后，问问自己：这次为什么会失败？对方的真实顾虑是什么？下次要如何调整方案……

这样去思考，比简单地否定自己要有价值得多。

2. 将拒绝转化为"接受的方法"

（1）深入理解拒绝原因

表面的拒绝往往隐藏着深层的需求。有个客户连续拒绝了我十次，但我每次都仔细记录他的反馈。第十一次见面时，我带着有针对性的解决方案去了，最终成功签单。

（2）把拒绝变成下次成功的基石

每个拒绝都包含着重要信息。我有个习惯：把客户的每个异议都记录在本子上，然后思考解决方案。这些内容后来成了我培训新人与写书的材料。

3. 提升抗挫折能力

（1）设定合理预期

要认识到失败是常态。我告诉每位新人：如果你期待每次拜访都能成功，那你一定会很沮丧。但如果你做好了可能失败的准备，反而能以更平和的心态去面对。

（2）建立支持系统

和同事分享失败经历，互相鼓励。我们团队有个传统：每周例会不仅分享成功案例，还要分享失败教训。这样的交流让大家明白：失败并不可怕，可怕的是不去总结经验、吸取教训。

4. 培养韧性

（1）关注过程而不是结果

与其纠结于失败本身，不如关注自己在这个过程中学到了什么。每次失败后，我都会问自己：这次失败的经历让我学到了什么？

失败往往会暴露出我们的不足。多年前我连续失单，发现是对行业认知不够深入，于是每天利用通勤时间学习行业知识，半年后再和客户谈判时我变得更有底气了。

（2）建立“战斗”节奏

失败后不要停滞太久。我的经验是：上午失败，下午必须再见一个客户。保持这样的节奏，不给自己沉沦的机会。

（3）累积小胜利

从小目标开始重建信心。失败后先完成一些较容易完成的任务，比如约见几个老客户，或者整理一下客户资料。这些小成就能帮助我们重新找回状态。

五、自信：销售员和客户是平等的

销售员和客户的关系不是乞讨与施舍，而是平等的合作共赢。树立起这种自信，不仅能让我们更有尊严地工作，而且能让客户获得更好的服务。

很多新人在刚做销售时，特别害怕得罪客户，说话总是小心翼翼。其实，客户需要的是专业的建议，不是一个唯唯诺诺的跑腿，过分谦卑反而会降低自己的专业价值。

如果你留心那些销冠，就会发现他们从不刻意讨好客户，但客户都愿意和他们合作。因为只有平等对话，才能建立真正的信任。客户要的是解决方案，不是你的奉承。

1. 如何树立平等意识

不要把自己定位为求助者，而要定位为“解决方案提供者”。我能为客户解决什么问题？我能给客户带来什么价值？回答好这些问题会让你更有底气。

我们不是在卖产品，而是在提供解决方案。曾经有个客户问我：“你们公司这么小，凭什么产品卖这么贵？”我平静地回答：“因为我们的方案能帮您节省30%的运营成本。不是规模决定价值，而是解决方案的效果决定价值。”

2. 平等对话的具体方法

（1）准备工作决定自信

一定要做足功课再去拜访客户。了解客户行业状况，研究客户需求，准备专业方案，这些都是平等对话的基础。

过分迎合反而会失去专业性。当客户提出不合理要求时，我会礼貌而坚定地说："这样做可能会影响产品质量，我建议这样改进……"最后，客户都是因为我的专业建议而更信任我。

（2）建立专业自信

每天抽出时间学习行业知识、技术发展、竞品分析。我的习惯是每天早上利用半小时的时间阅读行业资讯，每周末总结一个专业话题。这些积累让我在客户面前更有底气。

把每个成功案例都认真总结，形成自己的"实力数据库"。当客户质疑时，我就能用实际案例来支撑自己的观点。

有些客户会刻意用强势态度来压价。这时要保持冷静，用专业知识来应对。我曾经遇到过一个客户，开口就说要降价50%，我没有立刻妥协，而是详细分析了成本构成和服务价值，最终达成了双方都满意的价格。

当遇到客户质疑甚至诋毁时，先认真倾听，然后基于事实进行专业分析和判断。不卑不亢，实事求是，这样的态度反而更容易解决问题。

第二章

销售的不是产品，而是人

销售，从来不是简单的商品交易，而是一场人与人之间的互动与连接。成功的销售不在于你推销了什么，而在于你是谁，你如何与客户建立信任和情感纽带。打动人心比理性说服更重要，建立信任比展示产品更关键，这才是销售的底层逻辑。

一、射人先射马，攻人先攻心

《孙子·谋攻》有云："知彼知己，百战不殆。"在销售领域，这句话可以理解为：只有了解客户的需求和心理，才能赢得订单。很多销售新人，一上来就滔滔不绝地介绍产品，结果往往适得其反。记住，销售最重要的不是宣扬产品，而是要攻克客户的心理防线。

在我刚入行时，有一次去拜访一位客户。我满怀信心地准备了一大堆产品资料，刚开始讲解就被客户打断："这些东西我都知道，不用说了。"我尴尬地收起资料，不知如何是好。后来才明白：产品再好，如果客户对你有抵触情绪，也不可能成交。

销售最大的障碍，往往不是产品本身，而是客户的心理防线。每个人都有与生俱来的防备心理，在面对销售人员时更甚。如果不能化解这种心理，再好的产品也难以打动客户。

1. 了解客户心理

要攻破客户的心理防线，需要先了解客户心理。具体方法如下。

（1）观察法

仔细观察客户的一言一行，包括表情、语气、肢体动作等。比如，客户频繁看手表说明他可能比较着急；如果客户双臂交叉，说明他多半有了强烈的戒备心。

我有一位同事小王，善于观察细节。有一次他发现一位客户办公桌上摆着儿子的照片，就特意聊起了教育话题。原来这位客户正为孩子择校而发愁，小王便分享了一些择校经验。通过这个话题，两人迅速拉近了彼此的距离。

（2）倾听法

不少销售人员犯过一个同样的错误：只顾着自己说，不注意倾听。其实，认真倾听客户说话，能收获很多有价值的信息。

在倾听时，要保持眼神交流，适时点头回应，对于某些要点要及时复述以确认自己已经理解，切不可随意打断对方。与重要的客户沟通时，还需要用笔在本子上做记录。

（3）提问法

通过恰当的提问，可以引导客户表达真实需求和想法。常用的提问法一般有以下三种。

一是开放式提问。例如“您觉得目前最大的困扰是什么”。

二是引导式提问。例如“如果这个问题得到解决，对您来说最大的价值是什么”。

三是确认式提问。例如“……我这样理解对吗”。

2. 攻心的具体技巧

（1）找到共同点

每个人都喜欢与自己相似的人交往。如果你能找到自己与客户之间的共同点，就可以快速拉近彼此的距离。

我曾经遇到一位非常难打交道的客户，对所有销售员都很抗拒。后来发现我们都是厂矿技校出身，就聊起在技校的各种经历，气氛顿时轻松了许多。最终，我不仅拿到了订单，还与客户成了好朋友。

（2）展现专业价值

客户更愿意相信专业的人。要让客户感受到：你不是来单纯推销产品的，而是来帮他解决问题的。这需要你展现专业价值，你要了解行业动态，掌握专业知识，分享成功案例，提供解决方案。

（3）产生情感共鸣

人都是感性的，要学会与客户产生情感共鸣。这需要你做到：理解客户压力，认同客户观点，分享类似经历，表达真诚关心。

（4）采用示弱策略

适当示弱常常能赢得他人信任，完美无缺的形象反而会让人产生距离感。有一次我向客户坦陈自己是新人，经验不足，请他多指教。没想到客户反而放松了戒备心，开始主动给我介绍行业知识。后来他告诉我："因为你够真诚，当初我才选择相信你。"

（5）学会循序渐进

攻心需要一个过程，不要期望一次就能完全打动客户，而是要有耐心，学会循序渐进，一步一步来。

二、先做朋友再谈生意

俗话说，“买卖不成仁义在”。在销售领域，我们要把这句话反过来理解：仁义不到，买卖难成。想要实现稳定持续的业绩增长，必须先获得客户的信任，也就是跟客户做“朋友”。

去年我遇到一位做了20年销售的老前辈，我向他请教成功的秘诀。他说：“销售最重要的不是产品有多好，而是客户信任你这个人。信任就像银行存款，要先存够了信任，才能支取订单。”

听完老前辈的话，我顿时茅塞顿开。回想自己成交的大单，几乎都是建立在良好私交基础上的。客户选择我的产品，在很大程度上是因为信任我这个人。

心理学研究表明，当一个人向他人展示自己的私密信息时，会让对方产生被信任的感觉，从而也愿意展示真实的自己，这叫自我暴露原理。这种双向的信息交换，能快速拉近人与人之间的距离。我有一位同事小李，他特别擅长运用这种原理。每次见新客户，他都会先聊聊自己的成长经历，包括一些失败的教训。这种真诚的分享，能让客户放下戒备，愿意敞开心扉交流。

1. 自我暴露原理的运用方法

自我暴露要注意分寸和节奏。从浅到深可以分为基本信息、生活趣事、个人感受和适度困扰等不同层次。比如，家乡、学历、工作经历这些基本信息可以优先分享，而个人的感悟和经验要在关系加深后再交流。我在拜访一位女性客户时，就是从以带孩子的辛苦为话题开始的。当我分享了自己加班时婆婆帮忙照看孩子的事，她立即产生了共鸣，聊了很多自己的经历。通过这个话题，我们迅速成了无话不谈的朋友。

并非所有隐私都适合分享，要选择积极向上、能引发共鸣的内容。要避免涉及负面情绪或过于私密的事情。同时，分享的时机很重要。初次见面时可以适度分享，建立基本信任，在气氛融洽时再深入交流，特别是在对方主动分享或遇到共同话题时要把握住机会。

2. 快速建立信任的具体方法

真诚是建立信任的基础。在与客户沟通时，要实事求是，不可夸大其词，敢于承认产品的不足，直面问题，而不是回避矛盾。有一次我向客户介绍产品时，坦言产品的某个功能还不够完善，正在改进。客户后来告诉我，这种实话实说的态度让他决定选择了我。

善用个人故事是另一种有效方法。讲述自己的经历，特别是与客户相似的经历，往往能快速拉近彼此的距离。故事要有具体细节，凸显真实感受，包含成长感悟，同时要给对方留有互动的空间。在交流过程中，要特别注意记住客户的重要信息，关注他们的情绪变化，在适当时机向其表达关心，也可以分享生活中的美好时刻。

3. 需要注意的事项

在建立信任的过程中，要避免一些常见误区。不要过度分享私密信息，不要刻意制造共同话题，不要强行拉近关系，要始终注意维护职业边界。要把握好尺度，保持适度神秘感，维护职业形象，尊重对方隐私，不过分打探。

总之，销售不仅是一种交易，更是一种关系的建立。通过适度的自我暴露，我们可以快速获得客户的信任，但这种信任需要用真诚和专业来维护。只有真正成为客户的朋友，才能实现真正的长期合作。

三、给客户提供情绪价值

在销售过程中，不少人往往过于关注产品的功能价值，却忽视了一个重要维度——情绪价值。

需要提醒的是，**客户不仅在买产品，更在买一种感受**。当你能给客户带来积极的情绪体验时，成交的可能性会倍增。所有的销售大师都擅长提供情绪价值，让客户感到愉悦、舒适和被重视。

我经常问销售新人一个问题："为什么有些销售员能持续获得老客户的订单，而有些销售员的订单却总是昙花一现？"答案五花八门，其中很少有人提到需要给客户提供情绪价值。

我有个同事，产品知识过硬，但总是难以突破业绩"瓶颈"。有一次我陪他拜访客户时才发现问题所在：他全程只顾着讲解产品参数，完全忽视了客户的情绪反应。客户明显表现出疲惫和不耐烦时，他却浑然不知。这种不重视客户感受的做法，让许多潜在的成交机会白白流失了。

心理学研究表明：**人的决策约有80%是由情感驱动的**。即使是在理性的商业决策中，情绪因素也在暗暗发挥着重要作用。当今，很少有产品没有替代品，相似的产品多如牛毛，而客户会倾向于选择让他们感觉更舒服的那个销售员的产品。也就是说，客户选择的是人，而非产品。

我有一位老客户王总，在我入行第一年就选择了我们的产品。他后来告诉我："当时市面上好几家供应商的产品都差不多，选择你们，主要是因为跟你聊天很舒服，感觉你是真心想帮我解决问题。"这让我深刻理解了情绪价值的重要性。

对客户来说，销售员所提供的情绪价值主要体现在以下四个方面：

一是被重视感。每个人都希望得到重视和尊重。当你能记住客户的特殊需求，在细节上体现关心时，客户就会感受到被重视。

二是舒适感。如果客户感觉与你交谈很轻松愉悦，就会愿意多与你接触，这包括谈话氛围、沟通方式等。

三是安全感。客户需要确信你是可靠的合作伙伴。这种安全感来自你的专业能力、服务态度和个人品质。

四是成就感。帮助客户解决问题，让他体验到成功的喜悦。这种正面情绪会加深他对你的好感。

销冠们通常会从以下四个方面，给客户提供满满的情绪价值。

1. 营造轻松愉悦的氛围

（1）善用幽默

适度的幽默能缓解紧张的气氛。被誉为“推销之神”的原一平在一次拜访客户时，客户冷淡地对原一平说：“我已经见过太多销售员，你有什么特别的？”身高约1.55米的原一平笑着回答：“我身材比较矮，这让我仰视每一位客户，进门时也不会让客户有压力。”客户听了顿时乐了，原本横亘在两人之间的坚冰瞬间烟消云散。

需要提醒的是，幽默要把握分寸，不能过度油腻或涉及敏感话题。最好的幽默是自嘲式的，既能展现亲和力，又不会冒犯他人。

（2）合适的肢体语言

微笑、点头、适度的手势也能传递友好的信号。我有个同事擅长运用肢体语言，他总是保持恰到好处的微笑，说话时的手势也很自然，让人感觉特别亲切。

2. 提供情感支持

（1）同理心倾听

当客户遇到困难时，首先要做的不是急于提供解决方案，而是认真倾听，表达内心的理解。

去年有个客户遇到了工程延期的问题，心情很糟糕。我没有立即谈业务，而是用了一个小时的时间倾听他讲述困境，然后才与他分享类似问题如何解决。最后他说："现在我心里舒服多了。"一周后，他主动下了一笔大订单。

（2）及时的情绪支持

在客户压力大时，适时的鼓励和支持特别重要，可以分享成功案例，传递正能量。需要注意的是，情绪支持要自然，不能做作。

3. 创造惊喜时刻

（1）记住重要日期

客户的生日、公司成立日等重要日期，都是创造惊喜的好机会。我会用手机备忘录记录这些日期，适时送上祝福。有位客户收到我的生日祝福时感动地说："你是唯一一个记得我生日的供应商。"

（2）提供意外服务

超出客户预期的服务最容易打动人心。有一次，一个客户临时需要产品说明书的电子版，我立即让设计部门重新排版，并在当天发送给他。这种及时响应让他非常感动。

4. 维护客户面子

（1）公开场合给予肯定

在公开场合，要适时称赞客户的专业见解和决策眼光。称赞要有事实依据，不能阿谀奉承。

（2）私下处理分歧

如果发现客户的观点有误，要私下沟通，给对方台阶下。这样既解决了问题，又维护了双方的关系。

四、从用力销售到用心销售

在销售领域，有两种截然不同的派别：用力销售和用心销售。用力销售像是在打仗，整天费尽心机地想着如何突破客户防线；用心销售则像是在交朋友，把重心放在了解客户需求、解决客户问题上。从用力到用心，不仅能让销售变得更轻松，而且能收获更多真诚的回报。

记得我刚进入销售行业时，整天绞尽脑汁地想着各种话术和技巧，每次见客户都像是要打一场硬仗。直到有一次，我遇到了一位销售前辈李总。他看到我疲于奔命又业绩欠佳的样子，说了一句让我醍醐灌顶的话："销售不是要用力推，而是要用心陪。"

这句话让我大受震撼，并久久回味。之后，我把这句话铭记于心并付诸行动，可谓受益良多。回顾过往，我发现用力销售有三个明显的误区。

第一，过分关注成交。从一开始就死死盯住订单不放，恨不得第一次见面就把合同签了。这种急功近利的心态，反而会把客户越推越远。

第二，沉迷于话术技巧。话术很重要，但仅有话术会让客户感觉你太精明、目的性太强。过于追求话术，就会丢掉真诚，这是客户所反感的。

第三，经常过度施压。用力销售的人常常给客户施加压力，比如"这是最后的优惠""我好不容易才争取到的折扣"之类的话。虽然这种方式可能会带来短期业绩，但会损害长期利益。

相应地，用心销售有三个明显的优势。

第一，能够建立持久的客户关系。用心销售建立的不仅是生意关系，更是信任关系。我有一位老客户，合作五年来从未因为价格问题选择其他供应商，这是因为他感受到了我的真诚。

第二，形成口碑传播。用心服务的销售人员往往能获得客户主动推荐。去年我就通过一位满意客户的介绍，成功开发了三个新客户。这种基于口碑的销售，远比陌生拜访来得更加轻松。

第三，有利于个人成长。用心销售能让我们在服务客户的过程中不断学习和进步。通过用心销售，我们能积累更多行业经验和解决方案。

那么，销售员如何实现从用力销售到用心销售的转变呢？

1. 转变销售心态

（1）以解决问题为目标

不要把注意力放在推销产品上，而要**专注于解决客户的实际问题**。有一次，一个客户咨询我们的设备，我发现根据他的需求可以用更省钱的方案解决。虽然少赚了些钱，但赢得了客户的信任。

（2）建立长期思维

不要只盯着眼前的单子，要着眼于长期合作。我曾经放弃过一个利润丰厚的订单，因为那个方案并不适合客户。这个决定让客户很感动，至今快十年了，他一直是我的忠实客户。

（3）保持学习心态

用心销售需要不断学习和积累。每次拜访客户，我都会事先了解他们所在行业的最新动态，做足功课。这种专业态度，能赢得客户的尊重和认可。

2. 改变工作方式

（1）多倾听少说话

以前我总是滔滔不绝地介绍产品，后来我学会了先倾听客户的需求，再给出有针对性的方案。有一次，一个客户足足讲了一个小时的行业问题，我认真听完并记录，最后提出的解决方案正好切中了他的痛点。

（2）提供增值服务

不要局限于产品本身，要多想想还能为客户提供什么额外价值。比如，我经常会给客户分享一些行业资讯、管理经验等，让合作的价值远超产品本身。

（3）及时跟进与反馈

不少销售员在签完单后对客户就不闻不问了。用心销售则会持续关注客户的使用情况，主动收集反馈，及时解决问题。

销售的本质是服务。只有真正用心去帮助客户解决问题，才能赢得他们的信任和支持。从用力销售到用心销售的转变，看似是销售方式的改变，实际上是一种境界的提升。当我们不再把客户视为销售目标，而是把客户视为真诚的合作伙伴时，销售就会变得轻松而有意义。

五、“爱”上你不喜欢的人

在销售生涯中，我们难免会遇到一些“不喜欢”的客户——或许他们说话刻薄，或许他们态度傲慢，又或许他们喜欢压价。但作为专业的销售人员，我们必须学会“爱”上这些不喜欢的人。这种“爱”不是盲目地讨好，而是一种专业的态度和成熟的智慧。

我从事销售工作的第一年，曾遇到一位脾气很大的客户张总。每次见他，他都冷着脸，说话也不客气。我私下抱怨过很多次，直到我的主管告诉我：“在客户那里，没有讨厌的人，只有不够专业的销售员。”这句话让我开始重新思考如何对待自己不喜欢的客户。

1. 不喜欢往往源于偏见

我们对客户的“不喜欢”，往往来自第一印象。但是第一印象并不靠谱，比如某销售员第一次见到某个客户时，觉得对方非常暴躁。后来才知道那天客户正在处理一个棘手的问题，心情特别糟糕。

2. 令人“不喜欢”的客户是金矿

那些令人“不喜欢”的客户往往被其他销售员忽视，反而蕴藏着巨大的商机。我曾经接手过一个难缠的客户，通过真诚服务，不仅拿到了大订单，还收获了一份真挚的友谊。

与不好相处的客户打交道，能锻炼我们的心理承受能力和解决问题能力。现在回想起来，那些我曾经觉得难沟通的客户，反而是让我成长最快的老师。

3. 如何“爱”上不喜欢的人

每个人都有其可爱之处，关键是要用心发现。对于那位脾气很大的张总，后来我发现他对下属特别照顾，还经常默默资助困难员工。这些细节让我对他的印象完全改观。

客户“不讨喜”的背后往往有其深层次原因。有一位经常刁难人的客户，我后来了解到他之前被供应商坑过，所以特别谨慎。明白这一点后，我反而更能体谅他的态度。

面对“不讨喜”的客户，我的方法是：把注意力从喜欢与否转移到如何服务上。要告诉自己：我是专业的销售人员，不是交友达人；我的职责是用专业服务打动客户，让他们从“不喜欢我”变成“离不开我”！

所有人都习惯站在自身立场去审视对方，觉得自己看到的就是真实的。如果你换位思考，就会得出不一样的观点。比如，有一位客户总是压价，我们就认为他“斤斤计较”。但深入了解后可能会发现，他是因为企业效益不好，不得不精打细算。所以，我们要学会换位思考。绝大多数误解，都源于“各执一端”。通过换位思考，能够化解大部分误解。

作为销售员，我们要有能力“爱”上每一个客户。**这种“爱”源于专业，成于坚持**，最终将给我们带来意想不到的收获。

六、客户喜欢靠谱的人

无论是买方还是卖方，无论朋友还是亲戚，我们都喜欢跟一种人打交道——靠谱的人。

在产品同质化越来越严重、价格差异越来越小的今天，足以打动客户的一个重要因素是销售人员的靠谱程度。一个靠谱的销售员，可以说是客户心目中最值得信赖的合作伙伴。

靠谱是信任的坚实基础。记得去年，我遇到一位做了30年销售的老前辈。他对我说："不是我比别人聪明，也不是我比别人会说话，而是客户觉得我靠谱。"这句朴实的话，道出了销售工作的真谛。

首先，靠谱能大大减少客户的顾虑。我有个很年轻的同事，他的产品知识一般，谈判技巧也不突出，但他的客户忠诚度都特别高。原因很简单：客户交代的事情，他能做到事事有回应，件件有落实，从不让客户操心。一位客户这样评价他："他未必是最优秀的，但绝对是最让人放心的。"这已经是很高的评价了。

其次，靠谱能增强合作黏性。去年有个大客户，在明知竞争对手的价格比我们低的情况下，还是选择了我。后来，客户告诉我："你这里的产品贵是贵了点，但我更看重靠谱的人，关键时刻不掉链子，这让我省心多了。"

什么样的人称得上靠谱？

总结起来有四个要素：事事有回应，件件有落实，凡事有交代，句句有回音。

1. 事事有回应：快速响应制

不管是电话、短信还是邮件，我在上班时间两小时内必回复，加急事项立即回。有一次深夜12点，一个客户发来紧急询价信息，我立刻回复说明天一早给出具体方案。虽然没有马上解决问题，但及时的回应让客户感到被重视。

当客户需要答复而你暂时给不了确切答复时，要注意两点：一是不要轻易许诺以免失信，二是不要没有回应。你应该及时说明情况，例如："这个问题我需要请教技术部门，预计下午3点能给您明确答复，可以吗？"如此一来，客户的问题虽然没有解决，但他得到了你的回应，也感受到了你的重视。

2. 件件有落实：执行跟进制

建议把每个客户的每件事都记录在任务跟进表上，内容包括提出时间、具体要求、完成期限、当前进度。每天早上查看待办事项，确保不会有遗漏。

此外，不要总是等着客户问，要主动汇报进展。一个大客户曾经问我："为什么你总是在我想问的时候，就主动给我答复了？"我说："因为我记录了您关心的每一件事。"

3. 凡事有交代：负责到底制

你接手的事情必须要有一个交代。去年一个客户反映产品有小问题，从发现问题、解决方案、实施过程到最终验收，两个多月我都全程跟进、闭环管理，直到客户满意为止。

如果出现意外状况，要第一时间向客户说明情况并给出替代方案。有一次一个紧急订单可能会延期，我立即通知客户，并提供了临时解决方案。虽然还是造成了一些影响，但客户表示理解。

4. 句句有回音：诚信记录制

说过的话要放在心上，答应的事要记在本上。我有个记录本，专门记录对客户的承诺，定期检查完成情况。有不少口才非常好的销售员，喜欢动辄向客户许诺，比如客户说“这个山货的味道不错”，他顺口就说“下次我回家给您捎几斤”，结果却没有下文。这些事情虽小，但经常这样做，会让客户觉得你满嘴跑火车、不靠谱。

每次与客户沟通后，最好用书面形式确认重要信息：“我们刚才说的是这样的，请您看看是否有遗漏和差错？”这样做可以避免日后产生误会。

以上四点，想要真正贯彻到位非常不容易。但只要你做到了，你就会成为客户心目中最值得信赖的合作伙伴。这种信赖，是任何销售技巧都无法取代的竞争优势。毕竟，**产品可以相似，价格可以相近，但靠谱的销售员非常稀少。**

第三章

销售的关键在于聆听与提问

刚开始从事销售行业时，许多新人会热衷于展示产品的优点，滔滔不绝地讲述产品的各项优势。事实上，销售的真正关键并不是说得多，而是说得恰到好处，能够准确击中客户的需求点。

要想准确击中客户的需求点，聆听必不可少。一个优秀的销售员往往是出色的聆听者，通过聆听来了解客户需求并建立良好的信任。

一、聆听比提问重要，让客户聊嗨

销售最重要的能力不是推销，而是聆听。只有让客户充分表达，我们才能抓住他们的真正痛点。当你认真听客户说话时，就是在告诉对方：你的想法对我很重要。这种尊重自然能赢得客户的信任。

客户的话里，往往藏着打开订单之门的钥匙。

1. 如何提升聆听的质量

（1）全神贯注很关键

眼神要专注，不要心不在焉。我看过不少销售边听客户说话边看手机，这是大忌。客户说话时你要听得特别认真，他们才能在跟你合作时特别放心。

（2）学会捕捉关键信息

客户说的每句话都可能藏着商机。客户的一句随口抱怨，你用心记下来并设计出一套预防性维护方案，就可能成为你成单的关键。

2. 让客户多说话的技巧

（1）创造舒适的氛围

不要急着谈业务，先拉近和客户的距离。我习惯先跟客户聊聊近况，让对方感觉这是一次轻松的交流，而不是严肃的商务会谈。

（2）用肢体语言鼓励

经常点头、适时给予回应，显示你在认真听。我发现，当我保持这种积极的聆听姿态时，客户往往会说得更多，话题也会越来越深入。

3. 聆听中的常见误区

（1）急于表态

很多销售员听到一半就迫不及待要表达自己的想法。一定要让客户把话说完，答案往往就在最后。

（2）主观臆断

不要想当然。有一次客户说他们的设备老化严重，我本能地想给他们推荐新设备，但仔细一听才发现，他们更需要的是升级改造方案。

4. 让客户聊嗨的实战技巧

（1）找到客户感兴趣的话题

每个人都有愿意多说的话题，寻找到他们感兴趣的话题，聊起来才会更投机，合作也会更顺利。

（2）善用沉默

不要怕沉默。当客户在思考时，不要急着打断，给对方足够的思索和表达空间。有时候最有价值的信息，往往在沉默之后才会出现。

二、听出话外音、弦外音，抓取重要信息

销售不是简单的听和说，而是要透过表面的话语，理解客户真实的需求和顾虑。每个客户的话都像一本需要破译的密码本，而那些真正的销售高手，都是优秀的密码破译者。

客户说“太贵了”，表面是价格问题，实际可能是“想买，但预算不够”；客户说“再考虑考虑”，表面是没想好，实际可能是“你们还能再送我点其他服务吗”。若能听出客户的话外音，成交就不是问题。

1. 抓取关键信息的技巧

（1）识别重复出现的话题

客户反复提到的话题，往往就是他们最关心的事。

（2）注意话题转换的时机

客户突然转换话题时，往往是因为触及了他们的敏感点或重要信息。

2. 多维度收集信息

（1）观察肢体语言

话语之外的肢体动作同样重要。听到感兴趣的点时，有些人会不自觉地身体前倾；遇到问题时，他们又会交叉双臂；等等。这些细节都是重要线索。

（2）关注环境信息

办公环境也在传递信息。比如，办公区域的工位密度，墙上的标语等，都会给我们提供很多有价值的信息。

3. 破解模棱两可的说法

（1）善用确认性问题

当听到模糊的表达时，要善于确认。对方说“这个还可以”，你就要搞清楚，这个产品“哪些地方比较好，哪些地方还需要改进”。这样一来，你能得到更明确的答案。

（2）学会换位思考

站在客户角度想想：他为什么要用这种模棱两可的说法？是想再看看其他的产品，还是公司内部对预算有分歧？

4. 把握谈话节奏

（1）给出思考空间

不要急于填补沉默。当客户若有所思时，给他们时间组织语言。很多重要信息往往在沉默之后才会出现。

（2）循序渐进地引导

先与客户沟通一般性的话题，再慢慢引导到核心问题。我发现，客户在轻松交谈中往往会不经意地透露出重要信息。

5. 把聆听变成销售利器

（1）做好记录

每次见客户时，我都会带个小本子，把客户说的关键点都记下来。你认真地倾听和记录，会让客户觉得，你是真的在为他们考虑。

（2）及时总结反馈

听客户说完话后，要把关键点复述一遍，确认自己的理解是否准确。这不仅显示你的专注，也能避免理解偏差。

三、敏锐观察，发现语言之外的丰富信息

要成为一个销售高手，不仅要会“听话”，更要会“听音”，察觉语言之外的信号，这能让我们在销售中更有主动权，找到那一击必中的成交“甜蜜点”。

就像在扑克牌桌上读懂对手的肢体语言一样，销售中的非语言信息透露了客户的很多想法。一个微微的皱眉、略微的转身、眼神的闪躲，可能都在悄悄地告诉你——是时候换个策略了！

1. 非语言信息的重要性

（1）洞察情绪波动

人的情绪就像“藏不住的金子”，总会在不经意间从表情和动作中流露出来。当客户面带微笑、点头示意时，他可能对你的产品有兴趣；而如果他皱起眉头、目光游离，心里可能就在盘算，“这玩意儿值不值”。善于捕捉这些微情绪波动的销售员，总能及时调整话题，安抚客户隐秘的小情绪，不至于在无形中碰壁。

（2）判断信任程度

没有信任就没有成交。那如何判断客户对自己的信任程度？

肢体语言是信任的晴雨表。当客户身体前倾、微微点头，可能说明他对你说的内容感兴趣；而双手交叉、身体后仰，则可能表示他对你的一些观点或产品不认可。当客户对你的信任度增加时，他的肢体语言会放松、开放，这时你可以引导沟通逐步深入，推进下一步合作。

（3）发现隐藏的兴趣或顾虑

有时候，客户并不会把所有的兴趣点或担忧摆上桌面，但他的眼

神、动作却会出卖一切。比如，谈到某个产品功能时，他的眼睛一亮、微微前倾，八成是这个功能戳中了他的需求；而听到价格时，他突然变得“表情严肃”，就意味着你需要展示性价比了。善于观察这些细节，就能帮助我们灵活调整策略，让销售进程有效推进。

2. 提高观察敏锐度的方法

（1）关注面部表情

面部表情是内心的晴雨表。绝大多数客户的喜怒哀乐，会毫无保留地体现在脸上。尤其在关键时刻，眉头一皱、嘴角一扬，可能都在暗示着他的内心活动。看到客户露出思索的神情，别急着继续讲解，不妨停顿一下，留给客户消化思考的时间。让客户感觉到你的“懂行”，往往会为沟通加分。

（2）身体姿态和动作的微妙差异

身体姿态是一部“无声的电影”。客户的身体微微前倾，是在默许或鼓励你继续说；而如果他开始交叉双臂、身体后仰，那就该警惕了——他可能正在思考是否有“更好的选择”。如果你能跟随这些微妙变化调整自己的策略，投其所好，就能够掌握沟通的主动权。

（3）语气与音量的变化

当客户声音提高，或语气更为坚定时，他很可能对某个问题特别在意。反之，当语调平缓、声音变低时，或许这就是他对你的话题“兴趣欠缺”的信号。

（4）眼神接触的频率

眼神交流是一项“信任的投票”。当客户与你保持良好的眼神接触，说明他对你的话题感兴趣，或正在评估你提供的价值。若客户总是目光游离、闪躲不定，很可能他在某些方面还存有疑虑。通过观察客户眼神的变化，你可以及时调整自己的话题。

3. 利用非语言信息捕捉销售契机

（1）利用兴趣信号深化沟通

当客户的姿势、表情都表现出强烈兴趣时，要赶紧推进你的销售进程。比如，详细讲述他关心的产品细节或特性，让客户觉得你对他的需求有强烈的共鸣。这种沟通，不仅能够加深客户的兴趣，还能逐步建立信任，让他相信你是真正了解他所需的“专业人士”。

（2）找到潜在需求，增加销售机会

有时候，客户的需求不是在明面上的，而是隐藏在细微的动作中。如果你发现客户对某些内容特别关注，那很可能就是他的隐藏需求。在这类需求上多下些功夫，不仅可以让客户感受到被重视，还可以让他对你的产品更为信赖，从而增加成交的概率。

（3）识别拒绝信号及时调整

当客户开始频繁看表、身体转向门口时，销售员要有勇气主动结束谈话，并约定后续沟通的时间和地点。适度的“放手”，能给后续的合作埋下伏笔。如果一味地“死缠”，等到客户下逐客令，下一次你就不一定能再约上他了。

4. 保持专业性，避免“看走眼”

（1）不要过度解读

虽然非语言信息可以透露很多信息，但也要谨防“想多了”。有时候客户的一个皱眉也许只是因为眼角痒了，而并非对你的产品不满意。不要把每一个动作都视作深意，要综合客户的言辞和非语言信息，理性判断他的意图，避免过度解读导致沟通误会，效果适得其反。

（2）观察与提问结合

非语言信息只是沟通的一部分，很多时候，客户的内心想法还是要通过适当的提问来确认。当观察到客户表现出疑虑的表情时，可以轻松地问一句："您有什么特别关心的方面吗？"这种轻松的提问既不会让客户感到被逼问，也可以帮助他更清晰地表达真实需求。毕竟，不同于破案，销售的真相有时需要客户自己来揭示。

敏锐的观察力，可以让销售员在客户欲言又止时提前看穿对方的心思。所有的销冠，都不只是靠说得好，更在于看得准。通过细致入微的观察，捕捉客户的潜台词，往往能够让沟通顺畅、自然，最终促成双方的合作。

四、提问：挖掘客户的显性需求和隐性需求

在销售过程中，提问是打开客户心扉的钥匙。销冠们从不急于推销，而是通过提问，引导客户一步步道出真实的想法。提问是销售员和客户之间的桥梁，通过一问一答的互动，客户会逐渐放松，并更乐意分享自己的想法。这是一个引导客户自我反思的过程，让客户在对话中找到自己真正关心的点。

问对了问题，销售就成功了一半。而提问这门艺术，可不是简单地“问几个问题”那么轻松，需要我们在沟通中时刻把握好分寸。

1. 提问的分类

提问一般分为两类，每一类都有不同的应用场景。

（1）开放式提问

开放式提问是引导客户详细表达想法和需求的问题，通常以“什么”“怎样”“为什么”等词开头，客户不能用简单的“是”或“否”来回答。这种提问能帮助销售人员收集更多信息，了解客户的真实需求。

假设一位客户走进汽车4S店，销售顾问的开放式提问：

“您平时用车主要是用来做什么？”（了解使用场景）

“您对理想的座椅舒适度有什么要求？”（了解具体需求）

“您考虑这款车的原因是什么？”（了解购买动机）

（2）封闭式提问

封闭式提问是只需要简单回答“是”或“否”的问题，通常用来确认具体信息或推动客户做出决策。这种提问能帮助销售人员快速确认信

息，推进销售进程。

还是延续前面的4S店例子，销售顾问的封闭式提问：

“您是需要七座的车型吗？”（确认具体需求）

“预算是控制在30万元以内吗？”（确认预算范围）

“这个周末有时间来试驾吗？”（推进下一步）

在实际销售过程中，这两种提问方式往往需要配合使用：先用开放式提问了解客户的整体需求和想法，再用封闭式提问确认细节和推进决策。这样既能全面了解客户需求，又能有效推进销售进程。

2. 探寻深度需求的方法

客户的需求往往不止表面所说的那些，也许他自己都没意识到。通过引导提问，销售员可以帮助客户进一步发现自己的深度需求。这种提问像“层层剥洋葱”，由浅入深，帮助客户梳理自己的真正想法。最有价值的需求往往不是客户一开始所说的，而是通过销售员的引导提问才慢慢水落石出的。

（1）由宽到窄，自然锁定需求

好的提问是一个逐步聚焦的过程。从广泛的开放式提问开始，引导客户打开话匣子，然后用封闭式提问逐步锁定客户需求。这样的顺序能让客户一步步深入，清晰表达出需求，并最终帮助销售员找准客户“痛点”。这种由宽到窄的提问设计，既能让客户完整表达出自己的需求，又能让销售员对客户一目了然。

（2）分步引导，让需求更清晰

提问的节奏和层次需要有条理，不必一次性问出所有问题。循序渐进的问题设计，可以帮助客户更有条理地表达自己，从而让销售员得到更清晰的需求全貌。这种逐步深入的提问设计，不仅能让客户逐步明确自己的需求，也使得销售员对整个局面的把控更加得心应手。

（3）简洁明了，切忌多重问题

一次提问，只涉及一个焦点。过于复杂的问题会让客户无从下手。直截了当地问出一个问题，让客户轻松应答，这才是有效沟通的秘诀。同时，避免模糊的表述，让客户准确回应你所关心的点。有效的提问让人觉得是对话的一部分，而非冷冰冰的考问，这样的交流会让客户更愿意继续聊下去。

（4）适当停顿，给客户空间

当客户在思考的时候，不要急于去填补沉默。适度的停顿，会让客户的回答更有价值。销售员的耐心和沉稳，也能在这种停顿中自然流露出来，让客户感到自己真正被尊重。

3. 两个提问技巧

（1）善用“我们”拉近距离

提问中多使用“我们”，比单纯的“您”更有亲和力。例如，“我们可以从哪些角度来优化方案”，这种提问技巧让客户觉得你和他是站在一起的，而不是被推到沟通的对立面。好的提问是没有距离感的，而是让客户觉得你们是一个阵营的，在共同协商解决问题。

（2）让对方多回答“是的”

在提问过程中让客户多说“是”，是销冠们秘而不宣的小技巧。这源于心理学中的“是的阶梯”原理：当一个人连续对一些事情表示认同，他更容易对后续的提议也表示认同。

具体运用时，要从简单、显而易见的问题开始，逐步过渡到销售重点。例如，销售手机时可以这样提问：“您平时会用手机拍照吗？”对方回答“是的”。然后再问：“清晰的照片对您来说很重要吧？”对方的回答还是“是的”。“拍照比较耗电，特别是用闪光灯时，所以您希望电池的续航时间更长对吗？”对方的回答依旧是“是的”。这时，你就可以很自然地引导："这款手机正好满足这些需求，非常适合您。"

这种提问技巧的关键点在于循序渐进。先从客户容易认同的观点开始，建立共识和信任感，再慢慢引导到产品优势和购买决策上。需要注意的是，提问时语气要自然，问题要合理，避免让人感觉太过刻意或压迫。同时，认同要真实，不要用诱导性问题误导客户。

通过让客户持续产生认同感，不仅能增强客户的购买意愿，还能建立良好的沟通氛围，让整个销售过程更加顺畅。这种多回答"是的"策略，是一种既温和又有效的销售技巧。

五、学会问出背景问题

一是了解客户背景信息，能够帮助销售员准确定位目标市场。就像一位经验丰富的医生为患者诊疗时要先了解患者的病史一样，销售员只有充分了解客户的职业、收入水平、消费习惯等信息，才能判断客户的购买能力和需求层次，从而向客户推荐最适合的产品或服务。比如，对于一位经常出差的企业高管，推荐轻便耐用的商务笔记本就比推荐游戏本更合适。

二是了解客户背景信息，能够指导销售策略的制定。了解客户的决策模式、购买习惯和关注重点，可以帮助销售员快速地选择最有效的切入点。对于注重性价比的客户，可以着重介绍产品的实用价值；而对于追求品质的客户，可以强调产品的品牌价值和独特性。

三是客户背景决定了沟通方式。不同的教育背景、职业特点和性格特征，需要不同的表达方式。对于专业领域的客户，可以使用专业术语进行深入交流；而对于普通消费者，需要用通俗易懂的语言解释产品特点。这种有针对性的沟通能够大大提高销售效率。

四是了解客户背景信息也是建立长期合作关系的基础。通过了解客户的兴趣爱好、家庭情况等个人信息，销售员可以找到共同话题，与客户建立私人情谊，这种超越单纯交易的关系往往能带来持续的商业价值。

五是了解客户背景信息还具有重要的风险防范作用。通过了解客户的信用记录、支付能力等情况，可以提前预判可能出现的问题，做好相应的准备工作，避免不必要的损失。

因此，深入了解客户背景信息不仅是销售技巧的体现，更是销售工作中不可或缺的专业素养。优秀的销售员往往能够将背景调查转化为有效的销售策略，在满足客户需求的同时实现自己的销售目标。这种建立在充分了解基础上的销售，才是真正的双赢之道。想要了解客户背景信息，可以从以下几个方面提出问题：

1. 问行业信息

没有哪个客户不喜欢聊本行业的话题。本行业的问题不会让客户觉得自己在接受“盘问”。你可以尝试问：“贵公司所在的行业市场变化频繁，这些变化对您有哪些影响？”客户会顺势聊起自己的需求，我们就能捕捉到这些信息，为后续的产品推荐打下基础。

这种话题既不会让客户感觉到被冒犯，又能让他自由表达自己的想法。聊行业、聊趋势，客户会觉得“这人懂行啊”，话题一开，背景信息也就自然流露出来。

2. 问公司情况

每个公司都有自己的运作模式、规模、业务重心、发展方向等，这些都可能会影响他们的需求。你可以很自然地问一下公司背景：“目前贵公司在业务发展上最关注哪些方面？”这样既了解了客户的需求重点，也不会让他觉得被“调查”。巧妙的公司背景问题能帮助我们迅速抓住客户的需求重心，后续沟通也会更顺利。

3. 问团队架构

团队的构成方式往往直接影响决策方式。一个扁平化结构的公司可能倾向于灵活决策，而传统层级式的公司可能有更长的决策链条。你可以问一些简单的背景问题：“贵公司的决策流程是怎样的？”不仅能摸清客户的公司文化，也能为下一步的沟通找到合适的节奏。

4. 问业务需求

客户往往更愿意聊业务需求，因为他们需要解决的问题和你提供的产品或服务息息相关。不妨从业务需求入手，帮助客户表达自己的困惑："在如今的市场环境下，贵公司在产品优化上最优先考虑的是什么？"客户会觉得你和他"站在同一边"，那么在回答中不仅会透露需求，也开始真正信任你这个销售员。

5. 问过去和未来

客户的过去决定了他们当前的状态，而他们的未来计划可以让我们更好地定位客户的长期需求。你可以问些过往的经历："之前的解决方案是否遇到过什么难题？"客户会觉得这是个轻松的话题，而他在回答中可能透露出更多细节。而当我们了解了客户的过去和未来，提供的服务方案自然更加符合他们的预期。

6. 问及同行

如果客户对你的问题不感兴趣，不妨尝试提到"同行"来激发他的共鸣，例如："我们服务的其他一些同行业的公司，在规模扩大时遇到了一些流程上的挑战，不知道贵公司是否也有类似的经历？"这类话题能够拉近客户的心理距离，让他觉得自己并不孤单，也更愿意谈谈自己公司的情况。

7. 问题要让客户有"参与感"

背景问题的提问方式要尽量轻松自然。客户是来了解你的产品，不是来接受审查的。因此，尽量要问一些能让他有参与感的问题，例如可以问："如果您是我们产品的设计师，您觉得最需要改进的方面是什么？"这类问题不仅让客户感到被重视，还能激发他对产品的兴趣，从而让沟通更有活力。

想要了解公司规模，不要直接问"你们公司有多少人"，可以尝试更自然的方式，比如询问："像贵公司这样的规模，应该有不少需求管理环节吧？"这不仅让客户感觉更轻松，也更乐于分享。不要让客户觉得在被盘问，而是让他觉得自己在畅谈公司情况。

第四章

研究竞争对手，超越竞争对手

在市场竞争中，同行的存在不是阻力，而是一面镜子——让我们看清自己的不足，同时激发出前行的动力。在竞争对手的每一个强势领域，都有我们学习与提升的机会。把竞争对手的每一项优势转化为我们的成长目标，将让我们更有具市场敏锐性与战略高度。

一、确定竞争对手名单

做销售员，不仅要对自己的产品了如指掌，还要时刻关注竞争对手的动向。你要知道：你的目标客户正在考虑的不只是你的产品，他们会拿你的产品和其他厂家进行反复对比。这就是《孙子兵法·谋攻》里所谓的“知彼知己，百战不殆”。

明确对手名单，是有效销售的第一步，这个名单不仅能帮助你找准对手，还能帮助你在市场中找到自己的独特定位。记住：**竞争对手的存在并不是要让我们退缩，而是为了提醒我们在哪些地方可以更进一步**。

在实际工作中，有些销售员一提到对手就头疼，觉得“对手太强了，我们竞争不过”。其实，竞争对手名单的确定，恰恰是发现机会的过程。对手的每一个优点和不足，都是我们提升的机会。了解竞争对手，让我们不仅能看到他们的优势，还能在对比中找到自己的差异化优势。

1. 竞争对手的范围

（1）直接竞争对手：正面交锋的“宿敌”

直接竞争对手是那些和我们在产品特性、服务内容上高度重叠的公司，仿佛我们在镜子里看到的“另一个自己”。这些竞争对手是我们必须时刻盯紧的，他们的每一个策略变化都可能对我们产生直接影响。因此，制定竞争对手名单时，这些直接竞争对手需要排在首位，是我们战术计划的核心。

（2）间接竞争对手：表面不相关的隐形威胁

有些对手看似与我们的产品和服务关系不大，但实际上却在悄然吸引同一批客户。这样的间接竞争对手也不容小觑。他们可能凭借完全不同的方式在满足我们的目标客户的需求，让我们原本比较稳定的客户群体悄然“移情别恋”。这些间接竞争对手需要我们在市场策略上保持警觉，做到未雨绸缪。

（3）潜在竞争对手：未来可能掀起风浪的暗流

有些公司虽然暂时和我们无关，但随着市场的变化或技术的进步，可能会突然杀入我们的领域。这类潜在竞争对手是未来的变量，对其进行持续关注，不但可以帮助我们识别新趋势，也能让我们在面临市场突变时保持从容。

2. 筛选的标尺

（1）看市场份额和影响力

看市场份额就像是看对手的体量，越是大块头，就越值得我们重点关注。那些在市场中拥有较大份额或在特定领域享有盛誉的企业，往往有着不容忽视的影响力。无论他们是经验丰富的老将还是快速崛起的新秀，只要他们在市场中活跃，我们就得认真对待。

（2）看产品独特性和差异化

一些竞争对手凭借独特的产品特性或差异化的服务成功吸引了大批目标用户，仿佛是市场中的“独角兽”。如果对方的产品在某些方面具有独特优势，这些优势很可能是吸引客户的关键。我们需要列举出这些与我们差异较大的对手，分析其独特之处，以便在日后的竞争中找到应对策略。

（3）看资源投入与创新力

在商业世界中，资源投入和创新力往往决定了企业未来的市场地位。需要重点关注那些在研发、营销、渠道建设等方面重金投入的公司，因为他们计划长线投资、攻城略地。把这类商家列入竞争对手名单，有助于我们提前识别其潜在的市场影响力，以及时调整策略，避免被其抢占市场先机。

（4）看客户群体与市场定位

了解竞争对手的目标客户和市场定位有助于我们更清晰地判断其对我们的直接威胁。那些与我们争抢相同客户群体的公司，无疑是最值得关注的竞争对手。与此同时，凡是目标市场与我们未来拓展方向存在交集的企业，也需要提前进入我们的竞争对手名单，以便在将来拓展新市场时避免与其产生正面冲突。

3. 信息的收集

（1）公开信息渠道

竞争对手的官网、行业报告、新闻发布等都是公开信息的来源。公开渠道中，尤其是上市公司披露的财务报告和战略公告，往往能够揭示其业务策略、财务健康状况以及市场布局。定期关注这些信息，既能让我们了解竞争对手的成长轨迹，也能帮助我们识别其在市场中的发力方向。

（2）社交媒体和行业论坛

社交媒体不仅是品牌推广的好地方，还是获取竞争对手动态的绝佳渠道。通过观察竞争对手在社交平台上的互动，了解用户的真实反馈和需求变化，我们可以迅速捕捉到市场的风向。而行业论坛往往聚集了大量的业内人士的真知灼见，这也是获取竞争对手情报的第二战场。

（3）客户反馈与市场调研

客户反馈是最直观的情报来源，通过调研了解客户对竞争对手的产品评价，能让我们清晰地看到竞争对手产品的优缺点。同时，定期的市场调研也可以帮助我们判断竞争对手在消费者心中的位置，便于我们在产品设计和服务方面找到提升空间。

（4）供应链与合作伙伴关系

供应链往往揭示了一个公司的成本结构和生产效率，而合作伙伴则是竞争对手市场拓展的助推器。通过关注竞争对手的供应商和合作伙伴间的关系，我们可以间接了解其成本优势、生产能力以及市场覆盖率。这种从“幕后”获取的信息，往往能提供有价值的洞见，帮助我们从更深层次掌握竞争对手的真正实力。

4. 保持竞争对手名单动态更新

确定竞争对手名单不是一劳永逸的事，而是需要不断优化调整的动态过程。每一次市场变化、每一个客户反馈，都是我们调整竞争对手名单的契机。在市场竞争这场没有终点的竞赛中，通过不断优化竞争对手名单，让竞争对手的每一个变化成为我们反思与提升的动力，将市场的压力转化为突破的动力。

二、拆解竞争对手，逐一击破

搞清楚竞争对手的基本情况之后，下一步就是进一步"拆解"他们。像一个解剖学家一样，深入了解他们的优势、劣势、市场策略等，把每一部分都看得清楚明白。对于销售员来说，拆解竞争对手的主要目的就是：**找准可以下手的地方，逐一击破**！

拆解竞争对手是一门科学，需要我们像解剖一样细致。记住：竞争对手的每一个特点都是我们制定策略的参考点，每一个短板都是我们超越的机会。

在实际工作中，不少销售员只是粗略地了解竞争对手的产品价格和产品特征，这远远不够。真正的竞争对手分析，是要透过现象看本质，找到对手的核心竞争力和潜在弱点。只有这样，我们才能在激烈的竞争中找到突破口。

1. 产品维度

（1）功能特性

产品功能是最直观的比较维度，就像是产品的"筋骨"。我们需要详细列出竞品的核心功能、独特卖点和技术优势，找出其产品定位的着力点。通过功能对比，我们不仅能发现竞品的优势，更能找到其功能覆盖的盲区，为自己的产品找到差异化的突破口。

（2）用户体验

产品体验就像是产品的"颜值"，直接影响用户的第一印象和持续使用感受。我们需要从界面设计、操作流程、响应速度等多个角度，深入分析竞品的用户体验。这些细节往往决定了产品能否真正打动用户，值得我们认真研究和借鉴。

（3）品质可靠性

品质是产品的“内功”，决定了用户的长期口碑。要重点关注竞品在稳定性、安全性、耐用性等方面的表现。通过分析竞品的质量问题和用户投诉，我们可以找到质量管理的制高点，在产品研发中做到未雨绸缪。

2. 价格维度

（1）定价策略与结构

价格是市场竞争的重要武器，需要全方位解析竞争对手的定价策略。包括基础价格、优惠政策、套餐组合等，都需要仔细研究。通过了解竞争对手的定价逻辑，我们能更准确地把握市场定位，制定更有竞争力的价格策略。

（2）成本构成与利润空间

了解竞争对手的成本结构，能帮助我们判断其价格战的持久力。需要分析其原材料成本、人工成本、渠道成本等构成要素，评估其利润空间。这种分析能够帮助我们在价格竞争中找到平衡点，避免陷入恶性竞争。

（3）价值定位与溢价能力

有些竞争对手能够在市场中获得较高的溢价，这背后往往有其独特的价值主张。需要分析其溢价的来源，是品牌效应、服务质量，还是技术优势。这种分析能帮助我们提升自身的溢价能力。

3. 渠道维度

（1）销售网络与覆盖面

渠道是产品触达用户的通路，要详细梳理竞争对手的渠道网络。包括线上渠道、线下网点、代理商体系等，评估其市场覆盖能力。通过发现竞争对手渠道的空白点，我们可以找到市场突破的机会。

（2）渠道管理与激励

高效的渠道管理能够提升整体竞争力。需要研究竞争对手的渠道政策、激励机制和管理方式，了解其如何维护渠道关系。这些信息能帮助我们建立更有效的渠道体系。

（3）渠道效率与成本

渠道效率直接影响市场响应速度。需要分析竞争对手在库存周转、物流配送、售后服务等环节的效率，评估其渠道成本。这种分析能帮助我们优化自身的渠道策略。

4. 营销维度

（1）品牌策略与市场形象

品牌是企业的无形资产，需要深入分析竞争对手的品牌建设。包括品牌定位、传播策略、市场声誉等方面，了解其如何塑造市场形象。这种分析可以帮助我们找到品牌差异化的突破点。

（2）推广方式与投入

营销投入直接影响市场声量。需要研究竞争对手的广告投放、促销活动、内容营销等推广方式，评估其营销效果。这些信息能帮助我们更有针对性地制定营销策略。

（3）口碑管理与用户互动

用户口碑是市场竞争的重要因素。需要分析竞争对手如何处理用户反馈、管理口碑、维护客户关系等方面。这种分析能帮助我们提升用户运营能力。

5. 保持动态分析

竞争对手分析不是一次性工作，需要建立持续的跟踪机制。市场环境在不断变化，竞争对手也在持续变化，我们的分析也要与时俱进。

（1）建立分析框架

需要建立系统的竞争对手分析框架，确保分析的全面性和持续性。定期更新竞争对手信息，追踪其变化趋势，及时调整应对策略。

（2）深入调查研究

通过研究具体案例，深入了解竞争对手的决策逻辑和战略思维。每一个成功或失败的案例，都是我们学习和提升的素材。

（3）预判发展趋势

基于历史数据和市场动态，预判竞争对手可能的发展方向。提前布局，未雨绸缪，在市场变化中抢占先机。

三、巧借竞争对手，借力打力

聪明的销售员，在面对竞争对手时很少硬碰硬，而是运用借力打力的智慧。竞争对手的存在其实给了我们很多可以利用的机会，关键是要转变思维方式，把竞争压力转化为动力。

记住：**销售不是简单的产品比拼，而是智慧的较量**。竞争对手在市场上的每一分努力，都可能成为我们成单的助力。

1. 借不足转机之力

（1）找准痛点突破

竞品的不足之处就是我们的机会。我们可以这样引导："您刚才提到使用竞品时遇到的问题，其实这是很多用户的共同困扰。我们的产品就是针对这个问题进行专门优化的……"

（2）预设风险提醒

在不贬低竞品的前提下，可以委婉地给客户提示潜在风险："选择供应商时，除了看当前表现，也要考虑长期服务能力。我们公司在这个领域已经深耕多年，有完整的服务保障体系……"

（3）差异化定位

竞品的局限性可以帮助我们凸显特色，比如你可以说："市面上大多数产品都在追求标准化，但我们发现客户其实更需要个性化的解决方案。这正是我们的产品与众不同的地方……"

2. 借客户转化之力

（1）挖掘潜在不满

当客户提到使用竞品的问题时，要敏锐捕捉。可以这样深入询问：

“您提到的这个问题很关键，看来这影响了您的工作效率。能具体说说在哪些场景下会遇到这个困扰吗？”

（2）示范解决方案

针对客户使用竞品时的困扰，展示解决方案：“我们也有遇到过类似情况的客户，后来通过优化方案完美解决了问题。您要不要看看具体是怎么操作的？”

（3）降低转换成本

打消客户对更换供应商的顾虑，你可以说：“我理解您担心更换产品会带来麻烦。我们有专门的数据迁移方案和培训服务，确保您能顺利过渡，不影响正常使用……”

3. 借市场反馈之力

（1）利用口碑传播

竞品用户的使用反馈是很好的销售素材，可以这样描述：“最近有不少之前使用竞品的客户主动找到我们，他们特别认可我们在这方面的创新……”

（2）分享成功案例

用相似客户的转化经历打消客户疑虑：“我去年服务的一个客户，之前也用过竞品。他们转换后的效果提升非常明显，我可以分享一下他们的经验……”

（3）引用市场数据

用客观数据支撑观点：“根据最近的用户调研，在售后响应速度方面，我们的满意度是行业最高的。这不是我们自夸，是用户的真实反馈……”

4. 借优势示弱之力

（1）反衬突出优势

当竞品在某些方面确实比我们自己的产品强大时，不要硬拼，而是要借势转移话题。例如："没错，他们在A方面确实做得不错，这也启发我们去思考用户更深层的需求。所以我们在B方面做了重点突破，这恰恰是您最关心的……"

（2）避实就虚

面对竞品的优势，可以引导客户思考更多维度。例如："竞品把大量资源投入了功能开发，这值得肯定。不过您有没有想过，过度复杂的功能可能会影响使用效率？我们的产品更注重易用性……"

（3）以柔克刚

当竞品在价格上具有优势时，可以将话题引向价值。例如："他们的价格确实更低，这也说明他们把重点放在了成本控制上。但我们更注重服务质量和用户体验，从长远来看这会帮您节省更多……"

四、超越竞争对手，异军突起

作为销售员，我们不能永远活在竞争对手的阴影下，要有超越竞争对手、引领市场的雄心。面对强大的竞争对手，我们不仅要学会与之共舞，更要找到超越的路径。

1. 挖掘客户深层需求

不要停留在客户表面的需求上，要善于发现他们未曾意识到的潜在需求。比如，当客户说“我需要一个管理系统”时，你要追问：“您期望通过这个系统解决什么问题？您期望三年后的业务会有什么变化？”借助这样的深度对话，往往能发现竞争对手都会忽视的机会点。

2. 预判客户趋势

站在客户的角度，帮他们看得更远一些。可以这样引导客户：“根据行业发展趋势，未来两年您可能会面临这些挑战……我们的解决方案不仅能满足当前需求，还为未来的发展预留了空间。”

3. 提供增值服务

在基础产品之外，主动设计增值服务方案。例如：“除了产品本身，我们还可以为您提供定期的行业分析报告，帮助您更好地把握市场机会。”

4. 建立长期伙伴关系

从产品供应商升级为战略顾问。例如：“我们希望不只是卖给您产品，更想成为您的战略合作伙伴，一起探讨业务发展方向。”

与客户共同成长。例如：“我们会定期与您回顾业务发展历程，及时调整解决方案，确保始终符合您的业务需求。”

建立价值共享机制。例如："我们可以建立联合创新项目，将您的业务经验与我们的技术能力结合，共同开发更有价值的解决方案。"

总之，要实现对竞争对手的超越，关键是要在思维方式上实现突破。不要把注意力过多地放在竞争对手身上，而是要专注于为客户创造更大的价值。当我们能够帮助客户实现业务增长，那么超越竞争对手就会水到渠成。

Part Two

中篇

实操与策略

我们要学会建立一种公式——销售九步法。

七种销售策略严格执行到位，就已经超越了90%的同行。

找对人、说对话、做对事。

第五章

销售九步法

“销售九步法”就像太极九式一样，每一步都有其独特的作用和意义。从前期准备到最终的回款复购，这九个步骤环环相扣，形成了一个完整的销售闭环。当你掌握了这套方法，就能在纷繁复杂的销售场景中找到清晰的行动路径。

销售九步法就是销售的“九阳真经”，勤加练习就可以练就销售人员自己的“九阳神功”。

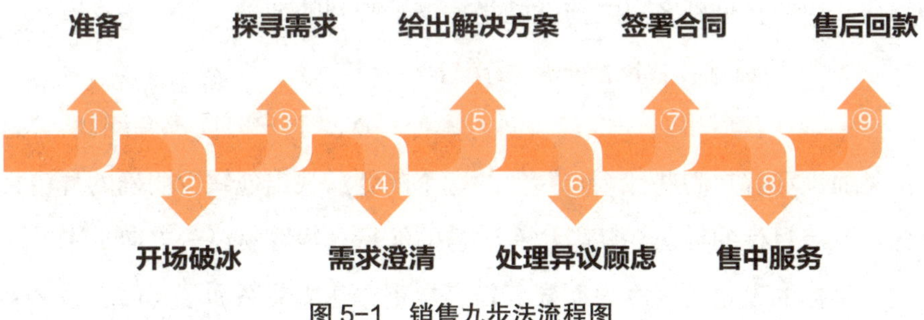

图 5-1　销售九步法流程图

一、准备

经常有销售员在拜访客户时非常紧张，有的甚至在拜访前就开始紧张。当他们向我寻求破解之道时，我每次的答案都是：做好充分的准备工作。

试想一下，当你站在客户面前，发现自己对客户的一切了如指掌，对产品的优势烂熟于心，对可能出现的问题胸有成竹，你还会紧张吗？

肯定不会，你会自信满满。更重要的是，你的专业准备必然会让客户感受到你的诚意和实力。这就是充分准备的力量。

在销售工作中，有一个广为流传的说法："成功的销售始于充分的准备。"这句话虽然简单，却道出了销售工作的精髓。一次成功的销售拜访，往往在见到客户之前就已经播下了胜利的种子。

1. 拜访目标：找准航向的指南针

记得我曾经带过一位销售新人，他每次见客户之前都会问我："这次见面该和客户聊些什么？"他的这个问题反映出他缺少明确的拜访目标。没有目标的拜访，就像没有罗盘的航行，很容易迷失方向。

目标的设定要因客户而异，新客户重在建立关系和了解需求，老客户则可能直接谈合作细节。在设定拜访新客户的目标时，我们需要从战略和战术两个层面来思考。在战略层面，我们要明确这次拜访要达成的主要目标，比如：

一是建立与客户的初步关系；

二是了解客户的需求和痛点；

三是展示产品或服务的价值；

四是获取下一次拜访的机会；

五是达成初步合作意向。

在战术层面，则要具体到每个环节要获取的信息和要达成的小目标。就像是在画一幅完整的客户画像，我们需要收集以下信息：客户的具体需求、决策流程、关键决策人、竞争对手信息等。

2. 拜访计划：让行动更有序

有了明确的目标，接下来就需要制订详细的拜访计划。这让我想起一个资深销售员和我分享的经验：销售就像下棋，每一步都要深思熟虑，都要为下一步做好准备。

一个完美的拜访计划应该遵循“SMART”原则：具体（Specific）、可衡量（Measurable）、可实现（Achievable）、相关性（Relevant）和时效性（Time-bound）。这不是简单的理论，而是经过实践检验的有效工具。

以拜访新客户为例，具体的计划可以这样做：

确定拜访时间，如周二上午10点（客户最有精力的时间）；

准备10分钟的产品演示；

预留15分钟了解客户需求；

安排10分钟讨论下一步合作的可能性；

提前准备相关的演示材料和宣传资料。

在制订计划时，别忘了预留一些机动时间，因为客户的时间可能会有变动，或者话题会延伸到预料之外的方向。灵活应变也是销售能力的重要体现。

3. 拜访前的准备：细节决定成败

准备工作就像盖房子打下的地基，虽然看不见，却决定着整个建筑的稳固性。一次令人印象深刻的客户拜访，背后往往是销售人员在背景调查、问题准备等方面做足了功课。

（1）深入的背景调查

背景调查不是简单地浏览一下客户的官网，而是要全方位地了解客户，包括公司基本信息（规模、业务范围、市场地位），行业动态（发展趋势、政策影响、市场机遇），决策层信息（组织架构、关键人物、决策流程），财务状况（经营情况、投资计划、预算情况），竞争态势（客户及主要竞争对手的竞争策略、竞争市场份额、竞争优劣势）。

几年前，我在拜访一个重要客户前，通过背景调查发现该公司正在进行数字化转型，我当即将我们的解决方案调整为与客户的转型需求相结合，果然一举拿下客户。

（2）准备有深度的问题

提问不仅是获取信息的途径，更是展现专业性的机会。我建议准备两类问题，第一类是开放性问题，帮助我们深入了解客户，例如你可以问："贵公司目前在业务发展过程中遇到哪些主要挑战？""对于解决这些问题，您心中是否已经有一些想法？""在选择合作伙伴时，您最看重哪些因素？"

第二类是引导性问题，帮助客户认识问题的严重性和解决方案的价值，例如你可以问："如果这个问题持续存在，可能会对业务造成什么影响？""假设这个问题得到解决，您认为能为公司带来哪些改善？"

（3）完备的工具准备

此外，我们还需要准备必要的资料和工具，如公司宣传册、产品说明书、成功案例展示、价格方案、合同样本、名片、签字笔等。

表 5-1 客户调查表

客户名称	×××		
客户概况	企业的发展历史、主打产品及服务、创始人或公司“一把手”核心经营理念及成功原因、企业愿景等		
行业概况	行业所处发展阶段、市场大小、增长速度、发展趋势、行业领先企业等；客户目前已经投入和未来计划投入的市场		
客户竞争对手	客户及主要竞争对手的竞争策略、市场份额、竞争优劣势等		
财务状况	销售额、盈利情况、现金流、付款信用等相关财务状况		
决策人员	与我司目标业务相关的、参与决策的人员		
参会人员	参加本次拜访接待的客户方人员及情况		
核心需求	客户的采购需求，接待我司来访的目标		
我公司	×××		
拜访时间	具体到几时几分	拜访地点	具体到会议室
拜访人员	我公司参与拜访人员名单	拜访目标	此次拜访的目的
已合作业务	客户已同我公司合作的业务，如没有则填写“无”	远期开发业务	除此次拜访的目的外，其他远期业务开发目标
客户评价	客户对于已合作业务的评价，如没有则填写“无”	竞争对手情况	针对此客户的目标业务，我公司主要竞争对手情况
行业合作案例	我公司在客户行业的成功案例（简要列举重点客户及类似业务）	材料准备	宣传册、产品说明书、幻灯片、宣传视频等

机会总是青睐有准备的人。当你站在客户面前时，你的准备工作已经为你赢得了一半的胜利。

二、开场破冰

“破冰”是人际交往中一个形象的比喻，源自字面上“打破冰层”的含义。

轮船在冰面上航行，必须破除航道上阻碍前进的冰块。人与人初次见面时，也常常会有一层无形的“冰”，这层“冰”的成分为彼此的陌生感、社交场合的紧张感、初次接触的拘谨感、沟通中的距离感。而具体到销售，客户还会有利益纠葛的戒备感。

“破冰”就是打破这种初始的阻碍，建立起初步的信任感和舒适感，为后续商务交谈做铺垫。如何巧妙开场，破除客户内心的“坚冰”呢？

1. 关怀式破冰

这是最基本也是最常用的破冰方式。通过带有关怀味道的问候和寒暄，表达对客户的尊重与关心。因为见面的第一句话一般是简单的自我介绍，所以关怀式破冰一般放在第二句。要注意上下句衔接要流畅，语气真诚自然，避免过于刻意的讨好，把握好分寸感和时机。关键是让客户感受到诚意和温度。

关怀式破冰示例

销售员：“王总您好，我是某某公司的侯×，非常荣幸见到您。”

王总：“小侯啊，请坐！”

销售员：“谢谢！听您的口音是北方人，在湖南生活还习惯吗？”

王总：“一开始不太习惯，特别是冬天湿冷湿冷……”

随时关注客户的状态，如果对方兴致勃勃，则围绕这个话题让客户畅谈。客户说得越多，破冰就越成功。如果客户只是敷衍式回答“还行吧”，那么可以改用其他破冰话术。

2. 赞美式破冰

善于发现并真诚地赞美客户，也是经常用到并行之有效的破冰方式。毕竟，人人都喜欢听“美言”。

> **赞美式破冰示例**
>
> 销售员：“张总，您的这件西装很有品位，是 ×× 品牌今年的新款吧？很符合您的气质。”

客户身上有很多值得赞美的地方，比如现场捕捉到的细节：客户的穿搭、配饰，办公室的装饰布置，企业文化展示。可以赞美客户的专业能力，如客户的专业见解、卓越的决策能力、优秀的管理方式。还可以基于事实赞美，如企业优异的市场表现、客户个人的成就、产品或服务的口碑。有时候，不妨通过下属或同行的正面评价来间接赞美，能让客户如沐春风。

需要注意的是，赞美时保持真诚自然，措辞要得体专业，避免过度吹捧，不应涉及私人话题。

3. 闲聊式破冰

通过轻松的话题展开对话，如时事新闻、天气、生活等双方都感兴趣的话题，让交谈自然流畅。

> **闲聊式破冰示例**
>
> 销售员：“李总，最近北京的天气真是越来越舒服了，您平时周末喜欢去户外活动吗？”

闲聊式破冰，可以选择一些容易引起共鸣的话题，如热门电影、综艺节目、近期体育赛事、本地美食推荐、城市新变化、共同的行业经历等。也可以根据观察后切入话题，如办公室摆件（如高尔夫球杆）、桌上的书或杂志、墙上的照片或奖状等，都可以延伸出闲聊话题。例如："看到您办公室摆着高尔夫球杆，您也喜欢这项运动啊？我最近也在学习。"

采用闲聊式破冰，需要注意以下几点：一是把握分寸，避免涉及过于私人的话题，不谈论敏感的政治话题；二是控制闲聊时长，一般以3～5分钟为宜；三是注意对方的回应积极度，若对方兴致勃勃，可以适度多闲聊一会儿，反之，就应该及时刹车；四是做好准备自然过渡到正题，毕竟你是来谈"正事"的。

4. 服务式破冰

通过提供一些力所能及的帮助或服务，拉近与客户之间的距离。可以帮助客户沏茶，或是顺手拉开窗帘、帮客户倒烟灰缸等。这种破冰方式能让客户感受到你的贴心与暖心。

服务式破冰举例

销售员："李总，我看您拿着好几个文件夹，让我帮您拿两个吧。"

服务式破冰，可以结合一些基本礼仪来做，比如进门时主动帮忙开门，看到客户提重物时主动帮忙，询问是否需要倒水或冲咖啡，调节会议室空调温度，适时递上纸巾或便签，主动整理会议桌面，发现茶水快喝完时主动续水，天气变化时提醒带伞或加衣。

服务时要自然得体，不显刻意，动作要轻柔。客户正在处理事务时不要打扰，不要随意触碰客户个人物品，提供服务前最好征询意见，保持适度距离感，尤其是异性之间。

5. 礼品式破冰

准备合适的小礼物，可以是对方感兴趣的物品或有特色的伴手礼。礼物要得体适量，重在心意而非价值，让对方感到惊喜而不是负担。

> **礼品式破冰示例**
>
> 销售员："这是我们公司定制的保温杯，听说您经常出差开会，希望能派上用场。"

采用礼品式破冰，在礼品选择上要费点心思，比较合适的有地方特产、实用的办公用品、应季的水果点心、小众但有品质的茶叶、具有创意的纪念品。送礼时机有初次拜访、节假日前后、客户生日、对方升职或乔迁、自己出差归来。礼品价值一般控制在百元左右。送礼时可以简单介绍礼品来源，说明选择的用心，强调实用性而非价值。

需要提醒的是，送礼前要提前了解禁忌事项，送礼时要注意场合与时机。

6. 需求式破冰

如果你通过扎实的前期调研，准确把握了客户的实际情况和潜在需求，也可以单刀直入，直接切入客户可能存在的需求或痛点，以此破冰。

> **需求式破冰示例**
>
> 销售员："听说贵公司最近在扩充技术团队，不知道在招聘上有没有什么困扰？"

需求式破冰的关键是引导客户主动分享，而不是强行推销。建议使用开放式问句而非肯定陈述句，语气要委婉专业，给客户留有充分表达空间，避免造成过度推销的感觉。要多听客户讲话，不要一股脑讲出自己的调研成果，否则会暴露出你带有强烈的“目的性”。

三、探寻需求：提问，倾听

如果把销售比作一场“情感大戏”，那么探寻需求就是最关键的“试探环节”。没有探明客户的真正需求就盲目推销，就像上错了频道的表白——自以为深情款款，对方却只觉得“莫名其妙”。

探寻需求的精髓就在于提问和倾听，不是听完表面回答就收工，而是需要逐步剥开，挖掘出客户心底那句“真心话”。那么，何为提问得妙，倾听得巧，让客户的需求在你面前无处遁形呢?

1. 提问：让客户不知不觉“自爆”需求

（1）开放式提问：你少说，客户多说

封闭式提问最致命的缺点就是让对话停留在表面，而客户真正的需求还藏在心底。我们要的是“开放式提问”——让客户尽情地表达！

提问示例

销售员：“您最看重产品的哪些功能？”

这样的问法让客户觉得你对他很在乎，而他也会乐于讲出更深层次的需求。

（2）层层递进，一步步“勾出真心话”

提问不是“一问到底”，而是有节奏地“挖坑埋雷”。初始提问要让客户轻松自然地表述。

提问示例

销售员："您觉得现在市场上哪些产品功能不够理想？"

等客户打开话匣子，接下来就要逐步深入，可以询问："那在这类功能中，有什么特别让您头疼的？"让客户一步步进入需求深处，让他感觉自己好像在和"知己"聊天。

（3）引导式提问：铺一条路，让客户"顺着走"

当你对客户的需求有了大致了解后，可以用引导式提问，轻轻给客户一个"台阶"，让他顺着这个思路表达更多。

提问示例

销售员："如果我们这个方案能帮您降低30%的成本，您觉得是否符合您的预期？"

这种提问看似随意，却在无形中让客户自己"加深认同感"，让他觉得："嗯，你说得好像有点道理。"

（4）采用"5W1H"方法，全面挖掘需求

经典的"5W1H"（谁、什么、何时、何地、为什么、如何）是提问的终极利器。它能帮助你从各个角度了解客户的需求，就像按顺序找线索，最后拼出客户的"需求全图"。

提问示例

销售员："您现在的客户群体是什么类型？"

或者问："您的客户群体更在意什么？"通过这些细致入微的问题，不仅让客户愿意多聊，也让你快速摸清情况。

2. 倾听：耳朵听，心也要听

（1）绝不打断，让客户畅所欲言

打断客户就是"凉凉"的开始，尤其是当客户正准备表达重要的见解时。无论是你听出客户需求还是出现意见分歧，都不要打断，而是把自己调整到"安静模式"。客户说得尽兴时，往往还会带上各种情绪，这正是你获取更多信息的机会！

（2）听情绪，找到真正的"痛点"

客户怎么说，和他说什么同样重要。有时候，客户语气中的轻微波动反而能透露出更深层次的情绪。如果他一提到"效率问题"就眉头一皱，那八成他正为此事头疼不已；如果他讲到"预算压力"时长叹一口气，那你的机会就来了。如果你善于捕捉这些情绪信号，意味着你更懂客户的内心。

（3）适时复述，让客户感觉被"认真对待"

听完客户的需求或疑惑，试着用自己的话总结一遍："所以您希望找到一种更节省时间的方式，是吗？"客户会立刻觉得你是认真听了他的话，这种复述是沟通的润滑剂，不仅避免误解，还能拉近与客户的距离。客户一听你这么"懂他"，立刻会更放心地把需求"托付"给你。

（4）轻轻回应，引导客户继续"深聊"

适度回应是倾听的艺术之一。当客户聊到关键话题时，你可以轻轻回应几句，比如"确实，效率是很多企业的痛点"或"看得出来，这方面您有很深的体会"。这样的回应会让客户感到被理解，激发他继续深入聊下去的意愿，从而自然而然地"掏心窝子"聊需求。

3. 探寻需求的“雷区”：小心避坑，步步为营

（1）别自以为是，问清楚需求再下结论

有些销售员喜欢听到客户讲一半就匆匆下结论，自以为掌握了客户需求。但其实，在客户需求没有说透之前，你的判断往往不准确。所以，在客户话没说完前，千万不要打断，尽量多问、多听，把客户的需求真正弄清楚后再行动。

（2）别急着推销，先和客户“同步频率”

在探寻需求的阶段，有些销售员一听到客户的痛点就迫不及待地推销自己的产品或方案。急着推销只会让客户觉得你是为销售业绩而来，而非为他着想。想赢得客户的心，要在理解客户需求的基础上，根据他的思维和语言给出解决方案。

（3）不要强行套用自己的“固定模式”

有些销售员喜欢用同一种套路“统一应对”，不管客户需求是什么，都硬套到自己的销售模式中。客户的需求千差万别，你的方案不能千篇一律。探寻需求时，要保持灵活，去适应客户的需求，而不是让客户来适应你。

4. 综合提问与倾听：让客户“自己说服自己”

探寻需求不是简单的问答，而是一个让客户逐渐打开心扉、愿意分享的过程。通过巧妙提问，你才能逐步了解客户内心的“小九九”。通过真诚倾听，你让客户感受到被理解，愿意和你分享他真实的痛点。到这一步，客户其实已经在内心开始信任你，并且隐约觉得：也许你真的能帮我解决问题。

四、需求澄清：深挖客户的显性需求与隐性需求

在销售工作中，你肯定多次遇到类似困扰：客户自己都说不清楚想要什么，客户的需求总是在变……这些困扰的出现，往往源于我们没有挖掘到客户的真实需求。

需求澄清是销售工作中的关键环节，它能帮助我们准确把握客户的真实需求，让我们的销售方案更有针对性。但需求澄清不是简单的提问和记录，而是需要技巧和耐心的深度交流过程。很多销售员在听到客户提出一个表面需求后就急于展示解决方案，这恰恰是本末倒置的做法。

1. 了解需求的层次

人的需求就像一座冰山，浮在水面上的是显性需求，隐藏在水面下的是隐性需求。显性需求容易被发现，往往客户会直接表达出来。比如，“我需要一套管理系统”“我想提高工作效率”。但真正值得关注的是水面下的隐性需求，这些才是促使客户行动的真正动力。

不少销售员只满足于了解客户的显性需求。当客户说“需要一套管理系统”时，他就开始滔滔不绝地介绍自己的系统有多么强大。但如果深入挖掘，我们可能会发现客户的真实需求是希望降低人工成本、减少操作错误、提高团队协作效率，甚至是想通过系统实现对团队的有效管控。只有挖掘出这些深层次需求，我们的方案才能真正打动客户。

要想深入了解客户的需求层次，需要化身为一个专业的咨询顾问，而不能只是一个产品销售员。“咨询顾问”通过系统性提问和分析，帮助客户更清晰地认识到自己的真实需求。有时候，客户表达的需求可能只是一个表象，真正的需求隐藏在问题的背后。

2. 需求澄清的方法

有效的需求澄清，首先要创造轻松的交流氛围，让客户愿意敞开心扉和我们交流。可以从一些客户熟悉和关心的话题开始，逐步引导到业务层面。避免像审问一样生硬地提问，而是通过自然的对话来了解信息。这时候适合多提一些开放式问题。

需求澄清示例

客户："我们需要提高生产效率。"

销售员："您觉得目前效率低下的主要原因是什么？"

客户在回答问题时，我们要表现出真诚的兴趣，适时地点头或做出简单的回应，鼓励客户继续分享。有时候，客户一个不经意的表述中就藏着非常有价值的信息。

3. 多维度挖掘需求

需求澄清要从多个维度进行，不能局限于单一角度。首先，要了解客户的业务现状，包括目前使用的解决方案、遇到的问题、期望改善的方向等。这些信息能帮助我们了解客户的出发点。

其次，要了解客户的决策考虑因素。不同的客户在做决策时会有不同的侧重点，有的注重性价比，有的看重品牌信誉，有的则更关注服务支持。了解这些因素能帮助我们在后续方案中有的放矢。

最后，还要注意了解客户的发展规划。客户当前的需求可能只是第一步，如果能了解到他们的中长期发展规划，就能提供更具前瞻性的解决方案。这不仅能展现我们的专业视野，也能为后续的业务合作打下基础。

4. 需求确认与总结

在充分挖掘客户需求后，销售员需要对收集到的信息进行确认和总结。可以用自己的语言复述对客户需求的理解，请客户确认是否准确。

需求澄清示例

销售员："罗总，为了确保能准确理解您的需求，我来总结一下我们刚才讨论的要点，请您看看是否有需要补充或修正的地方：您希望在今年第四季度上线一套全新的客户管理系统。系统需要具备以下几个核心功能：一是实现客户资料的智能化管理，包括客户基础信息、接触记录、购买历史等；二是需要支持移动端操作，让销售团队可以随时随地查询和更新客户信息；三是要能够生成数据分析报表，帮助管理层掌握销售动态。在预算方面，您计划投入50万～80万元，希望能在11月底前完成系统部署和员工培训。另外，您特别强调了数据安全性，要求系统必须具备严格的权限管理功能。请问我理解得准确吗？如果有任何遗漏或者不准确的地方，请您指出。"

这样的需求确认既显示出了你认真倾听的态度，也能及时发现和弥补理解上的偏差，为后续的方案制订打下扎实基础。

需求确认时要注意细节，可以整理一份需求清单，列出主要的需求点和优先级。这样不仅显得专业，也便于后续方案的制定和跟进。如果发现有理解不准确的地方，要及时澄清，避免对后续工作造成影响。

通过专业的需求澄清，我们不仅能够准确把握客户需求，更能在这个过程中展现自己的专业价值。记住，需求澄清不是简单的信息收集，而是帮助客户更好地理解自身需求的过程。一个优秀的销售员，是客户的解决方案顾问。只有真正理解了客户的需求，我们才能提供真正有价值的解决方案。

最后要提醒的是，需求澄清不是一次就能完成的工作，而是一个持续的过程。在后续的沟通中，可能会发现新的需求点，或者需要对之前的理解进行调整。我们要保持开放和灵活的心态，持续关注客户需求的变化，才能建立长期稳定的合作关系。

五、给出解决方案

前期的需求澄清工作已经完成，现在是时候放大招了——给出客户需要的解决方案！

在提出方案时，有一个神奇的“FABE法”：特点（Feature）、优势（Advantage）、利益（Benefit）、证据（Evidence）。

图 5-2 设计方案的 FABE 法则

用这个方法来设计方案，不仅让客户看得到好处，还能给他们足够的安全感。

1.FABE 法：让方案从“普通”变“惊艳”

（1）特点：用产品“特点”一击即中

先抛出产品的特点，让客户眼前一亮。

> **点出特点示例**
>
> 销售员：“我们的系统采用了最新的人工智能技术，可以实时监控数据。”

听上去很先进吧？客户这时会注意到这个方案有些独到之处。

（2）优势：让“特点”变成客户的“秘密武器”

有了特点，还要再来点实际的优势，告诉客户这个“独门绝技”对他有何帮助。

点出优势示例

销售员：“这意味着您的团队可以提前掌握市场动态，反应速度比竞争对手快上好几步。”

听完这句话，客户的内心已经在畅想如何利用这一“武器”在市场上打败对手了。

（3）利益：给客户一个“非选不可”的理由

任何客户，最在意的总是“用了这个，我有什么收益”。所以，接下来要直接点，告诉他“用了就是赚到”！

点出利益示例

销售员：“采用我们的方案后，您的产品能节省15%的成本。”

这种具体的利益才是客户的心头好，让他产生购买冲动。

（4）证据：用实际案例“稳住”客户

即便客户已经心动，他还是会有些顾虑，毕竟空泛的承诺谁都会给。这时就得拿出“实战案例”，让客户觉得这个方案靠谱。

实际案例示例

销售员：“跟我们合作的C公司用了这套方案后，销售额增长了25%，每月还节省了15%的成本。”

有了真实案例，客户就能放下心中的戒备，觉得这个方案真的不错。

2. 提出两个方案，给客户“选择的自由”

给客户一份方案，会让客户有被强卖的感觉。给客户太多方案，会让客户挑花了眼。因此，最佳的方案是给两个。

（1）方案一：稳扎稳打的基础款

第一个方案满足客户的基本需求，能马上实现预期效果，这样客户会觉得“稳妥、放心”。

基础方案示例

销售员：“这是一个基础优化方案，能帮助您简化流程，每月节省15%的成本，不需要大幅改动，非常容易上手。”

这个方案能让客户立刻看到效果，特别适合那些希望“稳中求胜”的客户。

（2）方案二：高阶升级的奢华版

第二个方案需要一些“亮点”，以满足客户的更高需求，给他一个锦上添花的选择。

高阶方案示例

销售员：“这是高阶定制方案，除了流程优化，还包括实时数据分析模块，帮助您随时监控业务数据，快速调整策略。”

这个方案像是贴心加料，专为有远大目标的客户量身打造，即便客户一开始没打算多花钱，也会觉得这个方案“好像更超值”。

3. 方案对比：帮客户找到“最适合自己”的选项

（1）简明对比，解决选择困难

你一定担心客户陷入选择困难，左看右看难以定夺。这时候可以用简单的表格、数据或直接对比，展示两个方案的特点。

> **方案对比示例**
>
> 销售员：“基础方案能帮您实现流程自动化，效果立竿见影，而定制方案则可以让您在短期内对市场动态有更强的把控。”

对比得清楚明白，客户选择起来才会更轻松。

（2）帮助客户算长远账

在对比的过程中，还可以引导客户考虑长远价值。基础方案虽然简单，但定制方案能带来更持久的效益。

> **引导客户示例**
>
> 销售员：“基础方案立刻见效，符合您现在的需求，但定制方案可以帮助您在未来几年都稳占市场先机。”

这样一来，客户会更倾向于做长远规划，选择能够持续为他带来效益的方案。

（3）承诺无风险试用，打消客户疑虑

此时客户已经动心，但心里难免还有点小担忧。怎么办？及时送上“无风险试用”的承诺！

无风险试用承诺示例

销售员："我们提供三个月的试用期，其间可以免费体验效果，觉得合适再决定。"

如此，客户觉得风险极低，下单的意愿自然更强。

4. 建立信任：通过"推荐"而非"推销"赢得客户的心

（1）给客户真诚的建议

提出方案时要有真诚的态度，如果有些功能可能暂时不适合客户，可以直接说明。

真诚建议示例

销售员："这个模块目前可能对您意义不大，但后期升级时会有用。"

这种实话实说的建议，反而会赢得客户信任，让他觉得你很靠谱。

（2）开放选择，留出客户的思考空间

方案展示完，你一定要按捺住内心的签单冲动，不要"逼"着客户当场做决定。

开放选择示例

销售员："您可以再考虑一下，有什么问题随时联系我。"

这样不会让客户觉得被催促，反而会因为你的淡定而更愿意了解方案细节。真正的专业销售，都是耐心且从容的。

六、处理异议顾虑

在销售过程中，客户的异议就像电商评论区里出现的“中差评”一样层出不穷，问题五花八门，有的抱怨价格太高，有的吐槽产品功能不够完善，还有的甚至觉得售后服务令人担忧。

面对这些客户的顾虑，我们完全可以用“LSCPA”原则——倾听、分担、澄清、陈述、要求五步法，把这些看似棘手的问题逐一解决。毕竟，销售不仅是卖产品，更是与客户建立一种信任关系，让他们踏踏实实地感受到购买的价值。

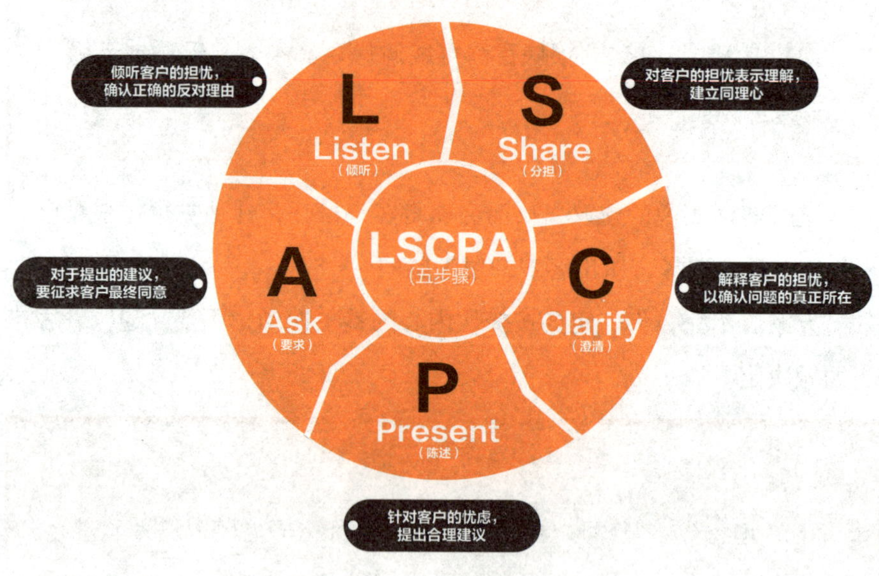

图 5-3 “LSCPA”原则

1. 倾听（Listen）：让客户打开话匣子

在倾听时，销售员要尽量抛开自己的主观判断。客户还没说完，你就已经在心里写好了三条解释理由，这种预判会使我们看问题流于表面。比如，客户说："你们的价格是不是有点高啊？"这时最忌讳立即回复"我们的产品定价很合理"，这样只会让客户觉得自己被忽视。所以，不妨暂时把"天线"收一收，听听客户的详细描述，再来分析应对。

倾听完毕后，可以用自己的话复述一下客户的问题来确认理解是否准确。

确认理解示例

客户："你们的售后响应太慢。"

销售员："您说的是每次维修的反应时间吗？"

这不仅体现了对客户需求的重视，还避免了自说自话的尴尬，有时甚至能让客户主动透露更多信息，为接下来的沟通铺平道路。

2. 分担（Share）：让客户知道，咱们是"自己人"

多跟客户换位思考，要多共情少辩解。

共同分担示例

客户："我觉得你们的产品太贵。"

销售员："我很理解您对价格的考虑，任何人都希望物有所值。"

直接反驳会让客户觉得自己的担忧被忽略。如果我们换成以上说法，客户听到这句肯定的认同，会产生被理解的舒适感，从而放下戒备。

假如客户的异议是对产品功能的怀疑，不妨提起类似客户的经验："确实，我有一位客户最初也有类似的担心，但用了之后发现其实非常符合他们的需求。"这不是反驳，而是建立一种共情的联结，让客户明白他的顾虑是普遍存在的，但最终却是可以解决的。

3. 澄清（Clarify）：引导客户把问题"说透"

有时候，客户的异议是含糊的。这时候，销售员需要引导客户把问题说得更清楚具体些。

引导示例

客户："你们的售后服务比较迟缓，我有点担心。"

销售员："您更关心的是响应时间还是修复的效率呢？"

通过细致的提问，客户的诉求会逐步变得清晰和具体，使得我们后续的回应更有针对性。

有些时候客户的异议其实是误解造成的。例如，客户说"听说你们的产品很容易损坏"，这是基于坊间传言的顾虑。面对这种情况，不妨直接澄清事实，并提供数据佐证："我们的设备在质检中的故障率控制在千分之二以内，而且用户满意度很高，许多用户在多年后仍会选择我们的产品。"通过事实澄清，不仅能消除误解，还能增强客户的信心。

4. 陈述（Present）：展示产品价值，层层化解阻力

比如客户认为价格太高，我们可以强调产品的高品质和长使用周期。

化解阻力示例

客户："你们的产品价格还是太贵了。"

销售员："我们的产品虽然初始价格高一点，但使用寿命比同类产品长20%，并且售后覆盖范围广，这样从长远来看，您实际上节省了不少维护费用。"

这种从客户利益角度出发的解释往往能让人信服。

5. 要求（Ask）：巧妙地推一把，促进决策

不妨提出试用产品的建议，比如："您可以考虑先试用一个月，看看是否符合您的预期。"这种低风险的尝试会让客户感觉更自在，减轻决策压力。

如果客户依旧犹豫，不妨提出一个分阶段方案以供客户参考。

分阶段方案示例

销售员："您可以选择从小型设备开始试用，逐步扩展，随着需求增长再增配。"

这样，在保持灵活的同时减轻了客户的顾虑，让客户更有信心地迈出第一步。

七、达成合作，签署合同

经过数轮谈判、沟通、处理异议，现在成交在即，销售员这时要做的是引导客户把“口头承诺”变成“白纸黑字”落实在纸上。

这个阶段，销售员要巩固信任的最后一环，才能让客户把合作意向落实在纸上。

1. 确定客户需求，确认合作内容

销售员可以用轻松的方式总结：“王总，这里是咱们谈到的重点，比如，产品规格、价格还有特惠套餐。”让客户点头确认每一项，确保他的需求都“原汁原味”地出现在合同上。

对于价格、交付方式这些客户最关心的条款，可以稍微多做些解释。

> **确认条款示例**
>
> 销售员：“咱们合同的价格包括运输费，您不用担心其他隐性费用。”

在这个环节，客户会感觉我们特别体贴，合同也多了一份保障。

2. 强调合同的重要性，提供签约支持

合同内容有时难免复杂，如果直接让客户阅读全篇，他可能会纠结在一些非关键点上。不妨引导客户查看重点条款，比如售后服务、付款方式等。

签约支持示例

销售员："王总，您重点关注一下第3条，这是我们的售后保障，您就放心吧！"

这样不仅节省时间，还能提高客户的签约效率。如果客户想进一步确认合同条款，我们可以提供专业支持，比如法律顾问或技术顾问，可以说："您要是想进一步了解合同细节，我可以安排法务给您解答，这样您也会更安心。"这样应对，会让客户觉得我们特别靠谱，不仅是卖产品，还有团队在背后提供支持。

3. 确定签约时间和方式

确定客户在合同上没有疑义后，别再拖延，马上安排签约。可以问问客户最方便的时间，尽量配合客户的日程安排。

签约发起示例

销售员："您看这周四怎么样？上午或者下午我都可以！"

这种灵活安排不仅让客户觉得体贴，还能顺利推进签约。

对于跨区域或日程紧凑的客户，可以推荐便捷的电子签名："咱们还可以用电子签约，省去了奔波麻烦，签字就生效了。"尤其对于偏好线上操作方式的客户，电子签约不仅安全，还让客户感觉签合同也不复杂。

确定签约时间后，提前安排好合同文本、印章等事宜，以防万一。

4. 让签约更有仪式感，正式确认合作

可以准备一些公司的标识、小礼品或产品样本，打造一种签约仪式

感。销售员应穿着得体，显得特别正式，让客户感到这是个值得重视的时刻。

“咱们今天敲定的，不仅是合同，更是一次共赢的合作。”简单而正式的言语让签约更具分量。签约完成后，最好告知客户后续的流程安排。

后续流程告知示例

销售员：“合同签订后，我们将在三天内发货，物流会提前联系您。”

这种清晰的流程不仅让客户放心，还让人觉得我们确实有条不紊。

对于重要客户，签完合同不妨合影留念，象征性地纪念合作开启。轻松说一句：“今天咱们的合作正式开始啦，留张合影，见证这一值得纪念的时刻！”这种小小的仪式不仅让客户觉得被重视，还为今后合作留下一份美好的“纪念”。

八、售中服务，解决异常问题

签下合同后，销售员并不能就此功成身退。合同只是第一步，接下来在售中服务中处理客户的问题和异常情况才是真正考验销售员的时刻。

这是一个拉近距离的绝佳机会，处理好异常问题，客户会觉得你不只是个卖货的，而是个提供全方位服务的合作伙伴。我们要带着客户走好合作的每一步，用优质的售中服务和负责到底的态度加深彼此的信任。

1. 主动出击，定期回访

客户刚开始使用产品，还在摸索阶段，疑问可能比较多。这个时候我们可以进行定期回访，就像客户的“贴心管家”一样，随时关注他们的使用情况。

> **回访示例**
>
> 销售员：“王总，设备用着还顺手吧？有没有什么地方需要我们帮忙的？”

这种不打扰、自然亲切的问候，不仅让客户感到被重视，还在潜移默化中建立了亲近的关系。

2. 问题来了，快速响应

客户往往最怕的就是问题反馈后没人接手、推来推去的情况。为了解决这个问题，我们可以实施“首接负责制”，第一个接到反馈的销售员（或专属售后）必须全程跟进，这样客户就不用在不同人之间辗转沟通，感觉问题在被“迅速落实”。这就像你告诉客户：“有我在，您放心！”

有些客户喜欢电话联系，有些客户偏爱微信，还有些客户习惯发送邮件。无论客户如何联系，我们都要多渠道响应。比如，有位客户在微信上抱怨："设备出现小问题，能不能帮我看一下？"你立马回复："没问题，我三个小时内赶到！"这种便捷的服务能让客户体会到支持的"全天候"。

有些客户的设备出现问题会影响生产进度。对这类重要客户，提前制定紧急预案至关重要。比如，设备突然停工了，立即派出应急团队，提供备用设备，甚至安排加急维修。客户会觉得，我们的服务不是"卖完就走"，而是真正有预见性地帮他们规避风险。

3. 打开"透明模式"，保持客户知情权

遇到需要长时间解决的问题，需要分阶段向客户汇报处理进展。举个例子，设备维修预计需要三天时间，第一天是检测环节，可以主动告知客户："今天已经完成了检测，明天开始修复，预计后天修复成功。"让客户感到问题正在有条不紊地处理。

对于有些复杂问题客户可能不明白，我们可以用简单易懂的语言向客户描述处理流程："我们会先进行检查，然后再安排工程师上门。"这种清晰的解释会让客户感觉自己被告知了处理问题的流程，既放心又对我们的专业度增加信心。

有些客户不懂技术术语，这时可以用通俗易懂的方式解释。比如，设备突然停工，你可以说："设备因为电压波动大，系统保护模块自动停机了，我们会帮您调整。"简单的解释不仅减少了客户疑虑，还让客户对问题的处理过程感到清晰透明。

4. 超预期服务，给客户意外的惊喜

设备保养对于延长使用寿命非常重要，但客户可能会忘记保养时间。我们可以定期提醒，比如发条消息："您的设备已经使用三个月了，建议进行一次保养，确保运转顺畅。"客户会觉得这项提醒服务非常贴心，避免了因为忽略保养而产生的麻烦。

九、售后回款

签约、交付只是销售大戏的开始，售后回款、复购、加购、转介绍才是关系长久的核心。一个销售冠军不会只把客户当一次性资源，而是把每位客户都当成长期朋友，通过持续的售后维护，将客户的信任升华成持久的忠诚度。

1. 高效回款：既要拿到款，更要拿到好感

在回款截止日期前，提前与客户沟通。每个客户的财务状况和付款习惯都不同，应适当地提供灵活的付款方式。比如，有的客户财务审批流程较长，可以提前与其确认并协商付款时间，这样既保证了顺利回款，又让客户感受到我们的体贴。

客户付款后，第一时间确认并发回收据或收款证明，让客户知道款项已妥善收到，减少他们的后顾之忧。可以这样告诉客户："您的款项我们已确认收到，非常感谢，接下来我会继续为您提供相关的售后支持。"这种快速反馈不仅是服务的延续，也是对客户的尊重。

2. 复购引导：让客户感到再次购买是明智之举

在客户完成第一次购买后，隔一段时间进行回访，通过了解产品使用效果、倾听客户反馈等方式，为复购进行前期的需求探查。

在产品更新换代时，可以及时将新品或升级款的信息分享给客户，特别是那些对产品功能有进一步需求的客户。例如："王总，我们新推出了一款带智能监控功能的设备，更加适合您的生产需求。"通过分享新品或升级款的信息，让客户觉得自己可以享受到更多服务。

此外，还可以给忠实客户设计优惠方案或增值服务，进一步激发复

购意愿。例如，可以告知客户："您是我们的长期客户，本次复购可以享受八折优惠，并赠送一年免费维护服务。"这种特惠不仅让客户感受到被优待，还会觉得复购是"物超所值"。

3. 鼓励加购：让客户看到"扩展的价值"

在了解客户使用情况后，如果发现客户有附加需求，可以适时提出扩展解决方案。比如："张总，您提到的设备运转高峰时段，我们有一款配套的冷却设备，可以有效提高整体运转效率。"这种有针对性的推荐能让客户感受到我们不仅在卖产品，更在提供完整的解决方案。

可以设计加购超值组合优惠，帮助客户实现成本最小化。比如："如果您加购这款配件，我们可以提供打包价格，为您节省20%的费用。"通过加购超值组合优惠，客户会觉得加购方案更加划算，有利于做出决策。

4. 鼓励转介绍：让客户变成销售员

当客户对产品和服务感到满意时，可以鼓励他们将使用体验分享给其他可能有相似需求的朋友或同事。例如，告诉客户："如果您身边有朋友对我们的产品感兴趣，我们可以提供专属演示和优惠。"这种轻松的介绍方式不仅可以使客户自愿分享，还能帮助我们锁定更多潜在客户。

适当的推荐奖励能进一步激励客户进行转介绍。可以告诉客户："每成功推荐一位新客户，您都可以获得额外一次免费维护服务或折扣优惠。"这样的奖励既能增强客户的推荐意愿，又在无形中扩大了我们的客户网络。

使用便捷的推荐工具，如在线表单、二维码推荐链接等，让客户可以快速便捷地进行推荐。比如，可以说："您可以将这个二维码分享给您的朋友，他们扫码后就能直接联系我们。"这样客户会觉得推荐并不是一件麻烦事，推荐成功的概率也随之提高。

第六章

销售漏斗

销售漏斗是一个重要的销售管理模型。这个漏斗从上到下分为七个阶段，像一个层层递进的考验：从定位目标客户，到逐步转化为潜在商机，再到最终的签单成交。看似是流程管理，但每一步都充满了细节。掌握了这些细节，你就能变成一个销售“魔术师”，让客户一步步走近你、信任你，直到最后成功合作。

图 6-1　销售漏斗

一、定位目标客户群

在销售工作中，常有人问我："为什么有的销售员总是能找到优质客户，而有的销售员却在客户开发上屡屡碰壁？"答案就在于，成功的销售人员都懂得一个道理：**定位目标客户群不是一场随机的寻宝游戏，而是一次精心策划的"狩猎"行动。**

多年的销售经验告诉我，清晰的客户定位就像是为销售安装上了一个精准瞄准镜。这个瞄准镜，由三个重要部件组成。

1. 明确目标市场和客户画像

想象一下，如果你是一名猎手，你会选择漫无目的地放枪，还是先确定目标再进行精准射击？

答案不言而喻。明确目标市场和客户画像，就是在为我们的"销售之枪"找到最佳靶心。

（1）明确目标市场范围

具体来说，我们先要从宏观层面明确目标市场范围。

①地域维度：确定销售覆盖的区域范围，包括核心城市、重点区域和潜力市场。

②行业维度：识别最适合的目标行业，评估行业成熟度、增长潜力和支付能力。

③规模维度：确定目标企业的规模区间，包括营收规模、员工人数等量化指标。

（2）描绘理想客户的具体特征

接下来，我们需要描绘出理想客户的具体特征。

①企业特征：包括公司性质、组织架构、业务模式。

②决策特征：了解决策流程、关键决策人、决策周期。

③需求特征：识别客户痛点、采购习惯、预算情况。

④行为特征：分析信息获取渠道、采购决策因素、服务偏好。

记得有一次，我帮助一个销售团队重新定义了他们的客户画像，将目标从“所有中小型企业”缩小到“年营收5000万元以上的科技型制造企业”，结果销售效率提高了整整三倍。

2. 筛选最具潜力的目标客户群体

有了清晰的客户画像，下一步就是要在众多符合基础条件的企业中，筛选出最具潜力的目标客户。这就像是在一片钻石矿中，找出那些最璀璨的宝石。

（1）建立评估体系

我建议建立一个至少包括四个维度的客户评估体系。

①业务契合度：产品服务与客户需求的匹配程度。

②发展潜力：客户未来的成长空间和业务扩张可能。

③合作可能性：包括预算情况、竞品使用状况、合作意愿。

④战略价值：考虑行业影响力、示范效应、带动作用。

（2）量化评分

将评估体系转化为具体的评分标准。具体包括以下几个方面：

①设定各维度权重。

②制定具体的评分细则。

③建立评分标准化流程。

④定期评估和动态调整。

有一次，我遇到两个看似相似的客户，通过这套评分系统评比后，发现其中一个客户虽然体量较小，但增长潜力和战略价值远超另一个客户。事实证明，这个客户后来真的成了我们的重要合作伙伴。

3. 建立初步的客户资源库

在找到目标客户后，我们需要建立一个系统化的客户资源库，这就像是在建立自己的客户图谱。

（1）资源库分类

建议将客户资源分为以下四类：

①核心目标客户：完全符合画像，具有最大合作潜力。

②重点培育客户：基本符合画像，需要进一步培育。

③潜在发展客户：暂时不够成熟，但未来具有潜力。

④一般参考客户：作为补充性客户资源。

（2）信息管理

建立完整的客户信息管理体系，内容要涵盖以下四类：

①基础信息：企业概况、联系方式、业务范围。

②互动记录：拜访历史、沟通要点、需求变化。

③决策信息：组织架构、关键人物、决策特点。

④市场信息：行业地位、竞争态势、发展动态。

这个信息库要定期更新，及时补充新的目标客户，调整客户分类和优先级。

二、发掘客户潜在商机

记得刚入行时，我的主管告诉我："销售不是简单的产品推广，而是发现并解决客户问题的过程。"这句话让我明白，发掘商机的核心在于识别客户的潜在需求和痛点。

1. 发现需求

想要发现客户需求，就要像侦探一样通过各种线索找到客户真正的痛点。

（1）捕捉显性需求

显性需求是客户明确表达的需求，一般包括以下三点：

①业务问题：效率低下、成本过高、质量不稳定。

②管理难点：流程烦琐、信息孤岛、决策滞后。

③市场压力：竞争加剧、客户流失、增长乏力。

（2）挖掘潜在需求

显性需求是露出水面的冰山，我们还要挖掘水面之下更多的客户未明确表达的潜在需求。一般来说，潜在需求包括以下三种：

①发展需求：预判客户未来发展方向带来的需求。

②创新需求：识别技术进步带来的升级需求。

③合规需求：关注政策变化带来的改造需求。

我曾经遇到过一个客户，他表面上只是要采购一套设备，通过深入沟通，我可以发现他真正的需求是要实现整个生产线的智能化升级。这个发现让我们的合作范围扩大了好几倍。

（3）需求分析的方法

需求分析常用的有四个方法，这四个方法经常需要混合使用，才能更接近真相。

①观察法：实地考察，观察业务运作。

②访谈法：与不同层级人员交流。

③对比法：与行业最佳实践比较。

④追根法：反复追问“为什么”。

2. 评估商机的可行性

发现需求，也就是在发现潜在商机之后，我们还需要评估这个商机是否值得投入资源去开发。我通常从以下几个方面进行评估：

（1）技术可行性

从解决方案的成熟度、实施方案的难度、技术风险评估、实施周期预估这四个角度去论证技术可行性。

（2）财务可行性

财务可行性包括客户预算情况、投资回报分析、付款能力评估、项目盈利预测。

（3）战略可行性

战略可行性包括与客户战略的契合度、与我方战略的匹配度、长期合作潜力、示范效应评估。

3. 商机等级划分

基于评估结果，我建议将商机分为四个等级。

A级：高度可行，应优先投入资源。

B级：较为可行，需要持续跟进。

C级：暂时观察，适时介入。

D级：可行性低，暂不投入。

有一次，我们团队花了整整两周时间评估一个看似很有吸引力的大项目，最终因为发现客户的决策链条过长，实施周期难以控制，我们决定暂时搁置。这个决定虽然当时看起来有些可惜，但避免了后续可能发生的巨大资源浪费。

发掘客户潜在商机是一个需要智慧和耐心的过程，它不仅需要敏锐的商业嗅觉，还需要系统的方法论支撑。正如一位销售大师所说："好的商机不是等来的，而是挖出来的。"

三、确认客户意向

每当有销售新人问我："如何判断一个客户是否值得投入时间和精力去跟进？"我总是告诉他们，关键在于准确把握客户意向。就像医生问诊一样，只有通过系统的沟通、观察和分析，才能真正了解患者的病症和治疗意愿。

1. 建立有效沟通渠道

与客户的初步沟通，就像是打开一扇认知之门。记得2023年我接触一个重要客户时，第一次会面时并没有急于展示产品，而是花了大量时间了解客户的业务现状和发展痛点。这种以倾听为主的沟通方式，不仅让客户感受到了我们的专业性和诚意，更帮助我们收集到了大量有价值的信息。

建立有效沟通需要落实"三要三不要"原则：要耐心倾听，要适时引导，要及时反馈；不要过早推销，不要打断客户，不要想当然。我们的目标是通过沟通建立起相互了解和信任的基础。

一个良好的沟通策略应该像树根一样，由表及里，逐层深入。从行业趋势谈到企业发展，从管理痛点谈到解决方案，每一步都自然流畅，让客户在轻松愉悦的对话中不知不觉地敞开心扉。

2. 评估解决方案契合度

在确认客户对解决方案的兴趣程度时，我习惯采用"三维分析法"：需求维度、技术维度和预算维度。这就像是在为客户定制一套解决方案时，要确保这套方案在各个层面都能完美匹配客户需求。

客户的兴趣往往会通过各种细节表现出来。比如，他们会主动询问具体的实施细节，会安排多个部门的负责人参与交流，会要求进行实地考察或者案例分享。这些都是积极的信号，同时表明客户对解决方案有着真实的需求和浓厚的兴趣。

3. 深入了解决策机制

了解客户的决策流程就像是在绘制一张藏宝图，让我们知道该如何一步步地接近目标。在一个大型制造业企业的项目中，我们通过细致的梳理，发现虽然采购部门是直接接触点，但真正的决策权在技术委员会手中。这个发现让我们及时调整了沟通策略，并最终成功促成了项目的达成。

决策流程的分析需要注意以下关键环节：

首先是决策链条的梳理。要搞清楚谁是最终决策人，谁是关键影响者，谁是具体执行者。这就像在下象棋，要知道哪个是帅，哪些是车和马，哪些是兵。

其次是决策周期的把握。要了解客户的预算审批周期、方案评估周期、实施计划周期等。这些信息能够帮助我们更好地规划推进节奏，避免错过关键时间窗口。

最后是决策依据的收集。客户会基于什么标准做出选择？是性价比、品牌影响力，还是售后服务能力？这些信息能够帮助我们有的放矢，制订更有针对性的方案。

在确认客户意向的过程中，我们要像一个优秀的侦探，善于发现和收集各种线索。借助专业的沟通技巧、细致的观察分析、准确的判断评估，最终才能对客户的真实意向有一个更为清晰的认知。

记住，确认客户意向不是一次性工作，而是一个持续的过程。面对不同的客户，我们要像中医把脉一样，通过专业的“望闻问切”，准确地找到切入点。只有这样，我们才能在竞争激烈的市场中，以最高效的方式推进项目，实现共赢的合作。

四、引导客户立项

在销售漏斗中，引导客户立项是一个关键的转折点。立项不仅是一个程序，更是将客户意向转化为实际行动的标志。在这个过程中，销售员需要付出不少心力。

1. 协助客户建立项目预算

在立项过程中，预算往往是客户最关心，也是最容易成为障碍的问题。记得有一个客户，虽然对我们的方案非常认可，但因为预算问题犹豫不决。这时，我们没有直接谈价格，而是帮助客户做了一个详细的投资回报分析，让预算从“支出”转变为“投资”。这种转变往往能够极大地提升客户的决策信心。

让客户看到投资价值，可以从以下三个方面入手：

一是量化收益：提高效率、降低成本、增加收入。

二是质化收益：提升品质、提高竞争力、改善体验。

三是长期价值：看重战略布局和未来扩展空间。

2. 推动客户内部立项流程

立项流程就像一场接力赛，需要多个部门的密切配合。销售员不仅要关注到直接对接部门，还要协助客户在内部达成共识。

在服务一家制造业企业时，我们发现客户的生产部门、技术部门和财务部门对项目均有不同的关注点。于是，我们分别准备了针对性的方案说明，强调各自关心的重点，最终帮助客户内部达成了一致意见。

3. 确定项目关键决策人

找准项目关键决策人，就像找到了项目的“指南针”。但要注意，真正的决策人往往不止一个，而是形成一个决策链。

记得有一次，我们原本以为采购总监就是最终决策人，后来发现技术总监的意见才是关键。这个教训让我明白，必须全面地了解客户的决策机制。

针对不同的决策者，要采取不同的沟通策略。具体来说，跟高层决策者谈战略价值和长期收益，跟技术评估者谈技术细节和实施方案，跟业务负责人强调实际应用和效果提升，跟财务管理者强调投资回报和成本控制。

4. 项目推进要点

在推动立项过程中，我总结出以下三个关键要点：

（1）把握节奏

前期充分准备，中期稳步推进，后期及时跟进。注意预留缓冲时间，避免因紧急情况而影响进度。

（2）防范风险

及时识别影响项目推进的潜在阻力，提前准备应对方案。做好文档记录，确保重要决议有据可查。

（3）建立信任

保持高度透明，及时沟通项目进展。注重专业性，展现自身解决问题的能力。

总之，引导客户立项是一个需要耐心和智慧的过程。我们不仅要帮助客户看到项目的价值，还要协助他们化解内部的顾虑和阻力。就像一位老前辈说的：好的项目不是卖出去的，而是帮助客户买进来的。

只有我们真正站在客户的角度，理解他们的诉求，化解他们的顾虑，才能顺利推动项目落地。在这个过程中，我们不仅是销售人员，更是客户的合作伙伴和解决方案专家。借助专业的能力和真诚的态度，与客户共同开创更加美好的未来。

五、赢得客户认可

销售从来不是简单的买卖，而是让客户相信你有能力帮助他解决问题。在销售过程中，赢得客户认可就像在搭建一座信任的桥梁。

那么，如何赢得客户认可呢？

1. 展示价值主张

价值主张就像是为客户描绘一幅蓝图，展现我们如何帮助他们实现目标。之前在服务一家电子制造企业时，我没有急于推销产品功能，而是从他们面临的产能“瓶颈”入手，展示了我们如何通过智能化改造帮助他们提高30%的生产效率。这种价值导向的展示方式，让客户眼前一亮。

展示价值可以分为以下三步：

（1）对症下药

对症，“对”的是客户的业务痛点、管理痛点、市场痛点。下药，则是有针对性地提供解决方案。

（2）案例印证

通过成功案例增强客户信心。可以选择同行业、类似规模的案例，以此突出客户关心的关键指标改善，并分享实施过程中的经验教训。

（3）场景模拟

帮助客户清晰地看到未来图景，包括业务场景的具体变化、管理流程的优化效果、数据指标的提升预期。

2. 提供详细的解决方案

一个好的解决方案就像一张精心设计的建筑图纸，每个细节都经过深思熟虑。记得有一次，客户对我们的整体方案很感兴趣，但担心实施过程中会影响正常生产。我们立即准备了一个详细的分步实施方案，将项目对生产的影响降到最低，最终打消了客户的顾虑。

面对客户的疑虑，我们要像一个经验丰富的医生，既要正视问题，又要给出解决方案。最重要的是要让客户感受到我们处理问题的能力和诚意。

3. 赢得认可的关键要素

在多年的销售经验中，我总结出赢得客户认可的几个关键要素：专业能力、全面服务、长期承诺。

专业能力要求销售员有深入的行业理解，具备扎实的产品知识与出色的问题解决能力。

全面服务要求销售员积极主动地响应客户反馈，具有负责到底的工作作风与换位思考的同理心。

长期承诺需要持续的服务保障、稳定的支持团队与清晰的升级路径。

六、进行商务谈判

商务谈判就像一场精心编排的交响乐，需要把握节奏、调和各方，最终达成广泛共识。在我多年的销售生涯中，最深的体会是，成功的谈判不在于一时的得失，而在于为长期合作奠定基础。

记得2023年有一个大型智能制造项目的谈判，客户是行业领军企业，项目规模近千万元。当我们坐在谈判桌前，不仅要讨论价格，更要平衡各方诉求，确定复杂的技术方案，协调多个部门的利益。这次谈判的经历，让我对商务谈判有了更深的理解。

商务谈判不仅是拉锯战，更是一场心理博弈。既要让客户觉得自己占了便宜，又要在不知不觉中顺利拿下订单。谈判的艺术在于用巧妙的语言和周到的安排，让客户觉得整个过程轻松愉快。让我们来看看如何在谈判中施展“功夫”，让客户心甘情愿地掏出签字笔。

1. 把谈判变成合作共赢

（1）从伙伴的角度出发，找到共同目标

谈判不是两军对垒，而是合作的“预演”。让客户感觉到，你不是一个来争抢利益的销售员，而是一个帮助他们成长的伙伴。“让我们一起想办法，如何让这个合作对您最有价值。”以这样开放的态度切入，拉近了彼此的距离，让谈判变得更像是一次头脑风暴，彼此共同探索未来合作的机会。

（2）用真实利益打动对方

客户来谈判，目标是“利益最大化”。用实际数据和项目收益展示你的方案能为客户带来多少切实好处。比如：“这个方案不但能提高50%的效率，还能帮您每年节省30%的运营成本。”客户听到这样的“真金白银”，会觉得这个方案确实物超所值，也就不再纠结于价格。

2. 用幽默破冰，让谈判气氛轻松起来

（1）轻松应对客户的“刁难”

面对客户苛刻的要求时，用幽默来缓和气氛是一着妙棋。客户要求打折，你不妨笑着说：“您要是再让我打折，我回去后双腿会被老板打折（shé）！”幽默语言一出，双方的关系立刻融洽了许多。这样的对话不仅化解了客户的进攻，还能让客户觉得你是个有趣的谈判者。

（2）讲客户身边的成功故事

没有人能拒绝一个好故事，特别是成功故事。谈到客户关心的问题时，不妨分享之前的合作案例：“我们之前跟××公司合作，他们的情况和您很相似，经过这套方案的优化，不仅业务效率大幅提高，还让市场份额扩展了10%。”这样的故事让客户在轻松的气氛中对方案多了一分信任和期待。

（3）用轻松的话题分散注意力

谈判气氛一旦变得严肃紧张，客户就容易产生防备心理。此时不妨聊聊轻松的话题，比如最近的行业新闻或彼此共同的兴趣爱好。这样的闲聊既能缓解谈判的紧张情绪，也能让客户在轻松之中更加坦率地表达需求，让你在谈判中取得更多信息和理解。

3. 谈判节奏把握到位，给客户充分思考的时间

（1）稳扎稳打，避免连环追问

与客户谈判，不能只顾一味地推进进程，反而要在每个重要节点稍作停顿，给客户消化和思考的时间。一次性抛出过多信息或问题，会让客户觉得被“逼问”，从而产生反感。不妨在讲解了产品方案后稍作停顿，观察客户的反应，让客户觉得节奏掌握在自己手中。这样一来，客

户的心理负担会小很多。

（2）设置一些冷静时刻

如果谈判进程中出现意见分歧，双方不妨短暂停一下，缓和一下严肃紧张的气氛。这时的冷静不等于僵局，反而可以让客户放松一下，重新思考自己关心的重点。喝杯咖啡，聊聊轻松的话题，往往在不经意间就突破了客户的心理防线，为谈判的下一个回合做好铺垫。

（3）给予客户适当的选择权

让客户在谈判中有选择权，可以使他们感到拥有更多控制感。比如，在价格上设定几个不同的服务方案，附加不同的功能和支持，让客户从中选择最适合自己的一款。让客户在选择中找到满足感，心理上也更愿意接受最终方案。

4. 适度让步，确保核心利益

（1）增加“微小利益”，让客户觉得自己赢了

在谈判的过程中，稍微做出一些细微让步能让客户产生一种“赢了”的感觉。比如，附送一两个月的服务期，或提供一次免费的额外培训。这样的小让步不会影响方案的核心利益，却会让客户觉得自己占了便宜，从而更容易接受方案的整体价格。

（2）守住底线，巧妙回应苛刻要求

当客户提出超出合作边界的条件时，直接拒绝容易引起反感。这时可以用模糊的表达来回应，比如：“您这个想法不错，不过当前的方案确实已经考虑到了最佳性价比，我们可以继续在细节上加以调整。”这种回应既表明了立场，又不会让客户感到被压制。

（3）提前设置适当的“退路”

在谈判之前，提前确定好可以灵活调整的范围，让自己在谈判中能够灵活应变。例如，在产品附加值或支持服务上预留调整空间。通过有

计划的让步，既让客户觉得自己赢得了谈判，又能稳住自己最关心的利益点，从而确保谈判结果不偏离核心。

5. 谈判结束后，确保协议顺利落地

（1）总结确认，确保双方共识

谈判达成一致后，逐条确认谈判要点，确保双方对协议内容理解一致。这样既能消除误解，也展示出你的专业与负责态度。把双方的共识逐一复核，能让客户觉得与你合作非常安心，避免出现因细节疏漏而引起的后续问题。

（2）及时跟进，赢得客户信赖

谈判结束不代表工作完成，后续的跟进工作也至关重要。用一封邮件总结协议内容，并告诉客户后续流程。这样不仅展现出你的专业性，也让客户感觉自己得到了重视，信任感自然加深。

七、完成成交

到了签合同的阶段，销售这场“长跑”终于要冲刺了！你和客户一路过关斩将，总算走到了这一刻。签合同既是销售工作的终点，又是合作关系的起点，这时候要让客户带着喜悦而坚定的心情签下自己的名字。

大部分客户看合同就像小学生做算术题，一看到复杂的条款就头疼不已。所以，和客户一起看合同时，直接“翻译”成通俗的语言。条款写的是“违约金”，你可以说：“这一条就是让我们彼此都有保障，谁都不能放鸽子！”客户听到这种解释，肯定会松一口气，还能会心一笑，签约时心情自然轻松了。

此外，建议用一支彩色笔提前在合同的关键条款旁边做上小标记，甚至配上简单的注解。比如，在付款条款那里写一句：“咱们合作的节奏就看这里！”有了这样的标注，客户不仅觉得你很贴心，还能一眼看到关键内容。

签完合同，可以准备一份简易的“执行指南”，比如接下来的合作流程、项目启动的节点、重要联系人等。客户签完字再看到这个小册子，心理上的安全感立刻倍增，感觉这不是结束，而是更深入合作的开始。

条件允许的话，可以邀请客户与项目团队做个简短的会面。让他们看到为这个项目奋斗的团队成员，感受到大家的热情和专业。客户会觉得自己签下的不仅是一份合同，更是和一群专业伙伴的友谊，增强了心理认同感。

签约后的第二天，给客户打个电话或发一条欢迎短信息，告诉他们："后续我们项目的负责人会与您联系，您有任何问题都可以随时找我们！"让客户知道后续有人对接，不会掉链子，他们会感到更加踏实，对接下来的合作更加放心。

1. 重视签约后的交付

签下合同并非万事大吉，接下来还有极为关键的一步——交付。交付的过程就是销售员兑现承诺的时刻，也是将纸面上的协议变成客户眼中的实际效果的终极考验。

交付开始之前，为客户提供一个简明的交付日程表，标明每一步的时间节点。客户看到这种详尽的安排，会感到服务非常周到尽心，整个过程也更具有仪式感。这个小小的细节，会让客户觉得自己在被用心对待，而不是随意被安排。

在交付期间，不妨每隔几天发一个简短的进度更新报告，附上阶段成果的照片或截图。"今天的进展：系统部署已经完成60%，预计明天开始测试。"这种透明化的进度展示让客户感觉自己能够随时掌握项目的进展，心里踏实多了。

正式交付前的几天，可以给客户发一封"倒计时"邮件，预告一下即将到来的服务或产品交付。可以写得轻松一些："再过两天，我们的服务就要上线啦！准备好见证效果了吗？"这种小小的提醒不仅显得贴心，还能让客户对交付过程充满期待。

交付结束之后，不要立刻功成身退。每隔一段时间还要定期回访，询问客户的使用感受，这不仅能够让你第一时间发现并解决潜在问题，还能让客户感受到你对他的持续关注。客户会觉得你对这份交付负责到底，而不是交付完了就甩手不管。

2. 深入挖掘更多的商机

顺利完成交付之后，这个客户就成了你最宝贵的资源。一个满意的老客户不仅可能为你带来持续的合作机会，还可能成为你业务拓展的重要助力。

首先，要善于发掘老客户的潜在需求。在日常沟通中，多倾听客户谈论他们的业务发展规划、遇到的困难和挑战。比如，客户提到“最近我们打算开拓省外市场”，这对你来说就是一个新的商机。你可以适时提出：“我们有相关的解决方案，不知道您是否需要我给您详细介绍一下？”

其次，要把握好老客户推荐新客户的时机。当客户对你的服务非常满意时，不妨委婉地提出请求：“如果您觉得我们的服务还不错的话，而且身边的朋友有类似需求，也请您推荐我们。”大多数客户都愿意为靠谱的供应商介绍新业务。

再次，可以通过举办客户交流会等活动，邀请现有客户分享使用体验。这种形式既能增进与老客户的感情，又能借助老客户的口碑吸引新客户。比如，可以邀请几个标杆客户做案例分享，让潜在客户通过真实案例了解你的服务优势。

最后，每一个满意的老客户都是你麾下最好的“业务员”。他们的口碑传播往往比你自己去推销更有效果。因此，要珍惜每一个成功交付的机会，用心维护好每一个客户，让客户成为你业务发展的助推器。

第七章

七种销售方法：高效沟通的秘诀

我们销售所说的套路，并非指花招，而是一套固化的工具。有时候，几句话就能让客户放下戒备，打开话匣子，从冷冰冰的对话，变成一次充满价值的互动。尤其是在首次拜访时，你说出的每一句话都至关重要，直接决定了你接下来几步的顺利程度。

一、首次拜访 20 句，让客户开口说话

首次拜访客户是销售过程中的重要一环，第一句话决定了你给客户的第一印象。以下是一些帮助打开局面的妙句，不仅可以用来营造轻松的气氛、建立信任感，也可以引导客户说出他们的真实需求。

1. 前 10 句：建立初步信任

初次见面时，不要直奔主题，而是要通过一些轻松的对话，展示出你的专业、真诚和友好。下面的开场白，重点在于“破冰”，让客户感觉到轻松，并建立起初步信任。

①“很高兴见到您，之前听同事提起过您，今天能来拜访您，真是荣幸之至。”

让客户感觉到你对他的重视，也表明你事先做了功课。

②“我最近也接触了几位和您是同行的客户，他们对行业的现状有不少独到的见解。”

引出行业话题，顺便暗示你有行业经验和资源，让客户更容易放下戒备。

③“今天来主要是想了解您 ×× 方面的情况，看看有没有可以帮上忙的地方。”

传达你的来意并不是强行推销，而是真心想帮助客户解决问题。

④“您这边今年的业务重点是哪些方面呢？”

直接探讨客户需求，展示你的关心与专业，同时暗示你有能力满足他这些需求。

⑤“看到贵公司的成就，我很好奇您是如何达到这种效果的。”

让客户聊聊自己的成就，不仅能拉近彼此距离，还能通过对方的叙述了解更多信息。

⑥“您在行业里的经验一定很丰富，有什么见解可以分享吗？”

让客户分享自己的经验和见解，表达对客户的尊重。

⑦“我之前有客户遇到过类似的情况，后来是这样解决的，您觉得这套方案怎么样？”

展示你的经验，同时把话题抛向客户，让他觉得你是有备而来。

⑧“我们的产品主要是服务于像贵公司这样的客户，您认为哪些地方需要改进？”

让客户提意见是个很好的沟通切入点，还能获取真实的反馈。

⑨“贵公司近期有哪些新的规划？我们或许可以提前做好准备。”

询问客户的规划，向客户传达你的主动性和前瞻性。

⑩“您平时遇到的最大挑战是什么？我们或许可以提供一些帮助。”

直接让客户谈挑战，不仅能快速了解客户的需求，还能展示你的专业态度。

2. 后 10 句：深入挖掘需求

当信任得到初步建立，客户开始放松时，就可以和他进行相对深入的对话，去挖掘一些客户的潜在需求。以下语句能帮助你引导客户表达更多具体需求，为后续合作奠定基础。

①“除了这个问题，您还有其他需要帮助的地方吗？”

扩展话题范围，看看是否还有更多潜在合作机会。

②“目前贵公司解决这些问题的方式是怎样的？”

通过了解他们现有的解决方案，评估自己产品的优势。

③“您觉得行业未来的趋势会朝哪个方向发展？”

讨论未来趋势，有助于塑造你专业和富有洞见的形象。

④“这个需求对于您来说有多紧迫？”

判断客户需求的优先级，以便更好地制订方案。

⑤“假设未来我们能够合作，您最希望看到的结果是什么？”

引导客户描述期望的结果，帮助你明确客户的最终需求。

⑥“您看，这样的方案对您的公司有哪些价值？”

让客户自己说出产品的价值，能够更有效地达成共识。

⑦“有没有哪一方面是我们之前没提到，但对您来说特别重要的？”

避免遗漏客户需求，确保方案全面覆盖客户的要求。

⑧“我们如何才能帮您取得更大的成功？”

表达对客户成功的关注，让客户有合作伙伴般的感觉。

⑨“未来还有哪些可能的合作机会？我可以提前为您准备相关资料。”

提前探讨后续合作，不断巩固关系。

⑩“最后一个问题，您对我们的合作有哪些具体期望？”

让客户总结期望，帮助自己明确方向。

首次拜访20句并非死记硬背的台词，而是一种沟通思维。灵活运用这些语句，将为你的首次拜访增加不少“温度”，让客户觉得你既专业又贴心。当客户感到被尊重、被理解时，沟通的效果会事半功倍，进一步为后续的销售流程打下扎实基础。每一句话都是在助力关系“升温”，将陌生的客户一步步引入合作的轨道。

二、丰田“五个为什么”——把需求问得明明白白

丰田的“五个为什么”（5 Why 分析法）是丰田生产系统中的一个重要问题分析方法，由丰田创始人丰田喜一郎提出。这是一种通过不断追问“为什么”来找出问题根本原因的方法。

表 7–1　丰田的“五个为什么”

序号	现象	原因	措施	能否防止再发生
1W	为什么机器停了？	因为超负荷保险丝断了	更换保险丝	不能
2W	为什么超负荷了呢？	因为轴承部分的润滑不够	增加轴承的润滑	不能
3W	为什么润滑不够？	因为润滑泵吸不上油来	修理润滑泵	不能
4W	为什么吸不上来油呢？	因为润滑泵的轮轴磨损松动了	更换润滑泵的轮轴	不能
5W	为什么磨损了呢？	因为没有安装过滤器，润滑油中混进了铁屑	在润滑泵上安装过滤器，防止杂质跑到里面去	可以

打个比方，当客户对我们的产品不满意时，丰田会问第一个“为什么”，即“为什么客户不满意”，假设回答是“因为产品交付延迟了”；那么第二个“为什么”是“为什么会延迟交付”，假设回答是“因为生产线上的工作进度落后了”；第三个“为什么”又来了，即“为什么工作进度会落后”，假设回答是“因为关键设备经常发生故障”；那么第四个“为什么”是“为什么设备经常发生故障”，假设回答是“因为没有按计划进行设备维护”；第五个“为什么”又来了，即“为什么没有按计划

进行维护”，假设回答是“因为维护计划执行不到位，缺乏有效的监督机制”。最后，只要严格执行与监督维护计划，客户对产品不满意的问题就会得到解决。

需要注意的是，虽然叫“五个为什么”，但实际操作中并非正好问五次，有时三次就够了，有时需要七次甚至更多次。关键是：一直追问到找到根本原因为止。

丰田“五个为什么”简单易用，不需要复杂的统计工具，有助于找到问题的真正根源，适用于各类问题分析。

在销售中，当客户说不清楚真正需要什么，你可以通过问“五个为什么”，从而让答案水落石出。

“五个为什么”方法的核心，是通过连续的“为什么”来逐步深入客户的问题。就像剥洋葱，每问一次，客户的需求层次就多打开一层。假设客户说：“我们需要提高销售业绩。”在这种场景下，销售人员可以通过“五个为什么”去深挖需求，帮助客户发现潜在的需求和真正的痛点。这不是让客户觉得被审问，而是帮助他们更清晰地理解自己的需求。

1. 如何运用

在销售中灵活运用“五个为什么”，能让你轻松突破客户的“表层需求”，直达他们的“核心动机”。“五个为什么”的真正价值，在于通过层层深入的提问，让客户更明确自身的需求。而且客户会因为你的问题而对你产生信任感和专业感，觉得你不是简单地在“推销产品”，而是诚心诚意地帮助他们找到解决方案。这种信任的建立，往往就是签单的关键。

以下是运用此方法的几个步骤。

（1）第一个“为什么”——确认表层需求

客户的第一句话往往只表达了一个表层的需求。比如，客户说：

“我们想换一个新的管理系统。”这个时候，不要急着介绍产品，而是先问一句：“为什么现在需要更换新系统呢？”这个提问有助于你了解他们的现状和初步需求，也能引出更深层的信息。

（2）第二个“为什么”——了解需求背景

当客户回答第一个“为什么”时，通常会提到一些目前的痛点。比如，客户可能回答：“现有系统无法满足数据处理的需求。”那么接下来你可以继续问：“为什么现有系统会在数据处理方面跟不上呢？”这一步可以进一步了解客户的困扰，有时还能发现一些管理或资源上的限制。

（3）第三个“为什么”——挖掘隐性需求

当你问到第三个“为什么”时，往往就开始触及一些客户自己尚未意识到的深层需求。客户可能会说：“因为我们当时选择的是基础系统，所以无法扩展。”这时候，你可以接着问：“为什么当时没有选择扩展性更好的系统？”通过这样的问题，客户可能会意识到自己在预算、技术支持、决策方向等方面还存在潜在的需求。

（4）第四个“为什么”——揭示真实痛点

到了第四个“为什么”时，通常能触及客户的真实痛点。客户可能会说：“因为预算有限，我们只能选择一个功能基本够用的系统。”这时候，你可以再问：“为什么预算成了主要的限制因素呢？”这种问法能引导客户深思自己在成本、效率等方面的困惑，从而能让你更好地理解他们的需求背景。

（5）第五个“为什么”——找到核心动机

当你问到第五个“为什么”时，一般就能触及客户的核心动机了。客户可能会回答：“因为我们希望把更多资源投入业务拓展上。”到这里，问题的本质就浮现出来了：客户的真正需求是找到既能控制成本又能提高效率的解决方案。这一回答，不仅帮助你精准理解了客户的需求，还为你提出最贴合客户需求的方案奠定了基础。

2. 注意事项

（1）语气要温和自然

避免让客户感到被“拷问”。提问时可以带有一些“探讨”的语气，让客户觉得这是一次平等的对话。

（2）重视客户的每个回答

客户的回答就是你深入需求的“引路人”，不要忽视其中的任何信息，即使有时客户的回答偏离了你的预期，也要认真倾听。

（3）灵活掌握提问的数量

有时候，三四个“为什么”就足够深挖到客户核心需求，不必执着于问满五个问题。我们要灵活调整，避免让客户产生疲惫感。

总之，熟练运用“五个为什么”的提问技巧，销售就不再是简单的产品推荐，而是变成一次共同挖掘的过程。在这个过程中，你将成为客户的需求“剖析师”，让客户看到你的专业和诚意。而当客户感觉到被真正理解时，合作自然也就水到渠成了。

三、FABE四步魔法，让产品“自带光环”

FABE四步魔法，是把产品的特点、优势、利益和证据像做料理一样分层端上桌，既有逻辑，又能逐层吸引客户的注意。

图7-1 FABE四步魔法

1.FABE四步魔法的步骤

四步魔法是这样依次展开的：

（1）特点（Feature）

特点就是产品的技能清单。没有技能，客户怎么能信任你的产品呢？它回答了客户的第一个疑问——“产品能做什么”。

（2）优势（Advantage）

仅有技能还不够，客户更在意你和别人比，到底好在哪里？优势这一步帮你回答，“为什么在众多选择里，你是最特别的”。

（3）利益（Benefit）

利益是客户最为看重的，因为它明确告诉客户：“选我能帮你省钱、提效，搞定那些让你头疼的事。”

（4）证据（Evidence）

把前面的特点、优势和利益讲完，客户心里虽然感兴趣，但还得有

“实锤”才放心。证据这一步就是给客户展示成功案例、客户好评或者硬核数据，让他们真心觉得“这产品稳了”。

2. 如何运用 FABE 四步魔法

下面就是FABE四步魔法详细拆解，它可以帮你顺利地带着客户完成一场“心动之旅”。

（1）特点（Feature）：告诉客户“我到底能干啥”

特点介绍是让客户知道产品的“基础能力”，就像在车展上先看车的外观和性能一样，客户一眼就了解产品的基本情况。特点这一环节不需要高深复杂的解释，而是直接告诉客户核心特点，让他们明白你的产品具体能解决什么问题。

“这款管理系统具有实时数据分析功能，24小时监控运营情况，帮助您及时发现业务变化。”这样的介绍简单易懂，直接指出产品的“技能点”。在特点描述上，要避免烦琐，精练清晰地展示主要功能，确保客户能够抓住核心信息。

（2）优势（Advantage）：展示产品的独到之处

客户知道了产品“能干啥”，但还有一连串的“为啥我得选你”的问题悬而未决。产品的独特优势就是你的王牌，用来解答“凭什么选择我”这个问题。在优势展示环节，你要指出自身产品相较于市场上同类产品的独特之处，让客户觉得这是个独一份的选择。

“与市场上同类系统相比，我们的系统处理速度快50%，还能自动生成报告，让您的团队省心省力，效率大增！”通过突出差异化优势，客户可以了解你的产品在市场上的竞争力。而这种差异化优势描述得越具体，越能触及客户的“软肋”，越能激起客户对产品的兴趣。

（3）利益（Benefit）：展示产品的“真香”价值

特点和优势再出色，如果不能转化成客户关心的实际好处，客户就难以看到你的“核心吸引力”。利益部分就是从客户的角度出发，告诉他们这个产品如何帮他们提质增效、节省成本、减少麻烦，给出他们真正关心的好处。

“通过实时数据监控，您可以将生产误差降低30%，节省20%的运营成本，让管理更高效。”听到这样具体的描述，客户很容易就会把自己代入其中，想象如果使用这款产品将会给自己带来什么改变。利益描述越贴近客户的需求，越能量化具体效果，越能让客户对产品心生向往。

（4）证据（Evidence）：给客户“实锤”，打消疑虑

当客户被产品吸引后，他们往往还需要一点“实锤”来确认自己的决定。证据这一环节，就是要展示硬核的成功案例、客户评价或数据对比，来增强客户的信任感。这一步是给客户吃“定心丸”的关键。

“××公司在使用了这款系统后，生产效率提高了20%，成本降低了15%。像您这样的制造业公司，我们也合作过不少，效果都很显著。”这种证据不仅增强了说服力，也能让客户更有代入感，因为他们会觉得自己也能得到类似的成效。证据要尽量真实、贴近客户的行业或业务需求，这样更能增强客户的信任感。

3. 用好 FABE 四步魔法的小技巧

（1）根据客户的兴趣调整FABE四步魔法的顺序

如果客户一上来就问产品有什么好处，直接从利益和证据开始，再关注功能和优势，会让对话更流畅，客户也更容易理解产品的价值。而如果客户是技术型的，关注点在功能和优势上，则可以先介绍这两个方面。

（2）量化利益，让客户看得见摸得着

在利益描述中如果可以加入数据或量化指标，会更具有说服力。

“降低运营成本20%”比“降低成本”更有冲击力。量化的指标能让客户直观感受到产品带来的实际价值，更容易“动心”。

（3）真实案例，提供可信度

证据这部分尽量用实际的客户案例或真实反馈来展示，“××公司使用后效率提高25%”，以真实的案例展示产品效果，能让客户更加相信产品的特点和优势。

4. FABE 四步魔法的多行业适用性

（1）提高沟通效率

FABE法能让销售人员在短时间内有效展示产品的各个方面，避免冗长的解释，让客户快速抓住重点，建立清晰的认知。

（2）增强客户的信任感

通过从特点到证据的完整展示，让客户对产品的理解更加立体，尤其是证据部分的数据或案例支持更具有说服力，能极大地增强客户的信任感。

（3）提高成单率

FABE四步魔法中的利益和证据展示可以有效增强客户的购买意愿，通过这系统性的四步展示，客户更容易理解产品的实际价值和效果，有助于快速达成交易。

四、START 五部曲，把销售变成一场“故事会”

销售不仅是介绍产品，更像是一场“讲故事”的表演，而不是“背课文”。在这方面，START原则就像一个完整的“故事大纲”。它能帮你从客户的困境开始，一步步引导他们看到解决方法、实施方案、最终成果，最后再给个“实锤”来巩固信任。

1. 用 START 五部曲讲引人入胜的“成功故事”

（1）情况（Situation）：铺垫故事的背景

先描述客户面临的困境，解释他们为什么需要这场“解救行动”。这一部分能帮助客户更好地理解自己存在的问题。

（2）任务（Task）：明确解救任务

接着定义清晰的目标，让客户知道我们要帮他解决的核心问题是什么。这一步揭开了故事的主要冲突。

（3）行动（Action）：展示你的行动计划

描述你们是如何全力以赴的。展示具体的步骤和策略，让客户看到解决问题不只是“说说而已”。

（4）结果（Result）：揭晓成效

结果就是故事的高潮部分。展示你们的行动带来的“超级成效”，让客户看到选择你的方案会给他们带来什么好处。

（5）佐证（Testimony）：最后用证据说话

结尾要有“实锤”，通过其他客户的反馈或成功案例来强化故事的可信度，让客户相信自己也会得到同样的成果。

图 7-2　START 五部曲

2. 用 START 五部曲讲出客户“听得进”的故事

（1）情况（Situation）：营造“要救援”的紧迫感

故事的开头是客户的困境，即他们正在经历什么难题。这一步可以是某个行业问题、具体的痛点，或者是他们业务中的“瓶颈”。描述清楚情况，帮客户更好地感知问题所在。

“您的公司最近扩大生产规模，但市场需求越来越大，现有的管理系统已经不堪重负，生产效率始终提不上去，客户的交付时间也出现了拖延。”通过这种描述，客户会意识到自己的问题，并且觉得你对他们的“处境”了如指掌。这一部分不需要长篇大论，而是要简单有力，让客户立刻意识到他们的问题所在。

（2）任务（Task）：提出“拯救方案”的核心目标

接下来是任务，也就是你们的“拯救方案”。这一部分要简单清晰，告诉客户你们的合作目标是什么。它相当于故事里的“英雄使命”，让客户明白你们正准备解决的问题核心是什么。

“我们需要帮助您优化生产流程，将生产效率提高30%，同时保证交付时间，让客户对您更有信心。”清晰的目标可以让客户瞬间抓住合作的核心要点。对于任务的描述不必太复杂，而是要让客户明白“我们要一起实现什么”。

（3）行动（Action）：展示你的“英雄行动计划”

故事要有“行动”的推动力，方案的执行步骤就是你的“英雄行动”。这一步是详细描述你为了帮助客户摆脱困境而采取的具体措施，展示出一套完整的“行动计划”。

“我们将为您部署自动化管理系统，设立实时监控模块，并提供专业的培训课程，确保您的团队快速上手。全程会有技术人员支持您完成调试，处理突发状况，确保系统稳定运行。”展示清晰的行动步骤，客户能够感受到你们不是空口承诺，而是拥有一整套切实可行的实施方案。详细的行动描述会增强客户的信任感，认为你们的方案不仅靠谱，而且落地可行。

（4）结果（Result）：展示行动带来的“超级效果”

故事的高潮当然是见到成效。客户最关心的是你的方案能带来什么实际的效果，所以在结果部分要尽量展示方案带来的具体收益，最好有量化的数据，给客户一个“真香”体验。

“通过这套系统的实施，××公司在短短三个月内将生产效率提高了30%，减少了15%的运营成本，交付时间也缩短了20%，客户满意度明显提升。”有具体的指标和数据，客户就能直观地看到实际效果，更容易理解方案的价值。这一部分可以用生动的案例和具体的收益，帮助客户建立起对结果的期待。

（5）佐证（Testimony）：最后用“实锤”来增强信心

讲完成效，客户内心可能已经有些动心，但还会有些许疑虑。这时候需要一些“实锤”证据，给客户一个安心的理由。用其他客户的反馈或权威认证来作结尾，让客户对方案更有信心。

“××公司的负责人在项目验收时提到，他们尝试过其他系统，但从来没有过这么明显的成效。与我们的合作让他们看到效率提高的潜力。”客户看到的不仅是你的方案，还看到其他人对这个方案的认可。这样的“实锤”给客户一种“别人用了效果也好”的安全感，为最终的成交增加机会。

3. START 的小技巧，让“故事”更打动人心

（1）抓住客户的主要痛点，聚焦目标

在讲述情况和任务时，要抓住客户最关心的痛点，不需要罗列一堆“次要问题”。清晰地表明“最核心的问题”在哪，让客户感受到你的方案正中需求。

（2）用量化的数据描述结果，增强效果

如果你能把结果用量化的方式表达，比如“成本降低30%”或“生产效率提高20%”，效果会比简单的“提高效率”更有说服力。数据是客户理解效果的“直通车”。

（3）用真实案例增强信任感

在佐证部分要选取与客户所在行业或面临问题类似的案例，让客户更容易被代入，觉得方案对自己也有实效。

4. START 原则的广泛应用

（1）让沟通结构清晰

START可以让沟通有逻辑地进行，避免介绍方案时内容杂乱无章。客户能够快速掌握每个环节的重点，避免不必要的反复沟通。

（2）增强客户的信任感

通过实际的案例和其他客户反馈增强信任感，尤其是通过量化的效果描述和实际的佐证，客户会更加信赖方案的实际效果。

（3）增强客户的认同感

在情况和任务描述时聚焦客户痛点，客户会更有共鸣，认为你确实了解他们的问题，从而更容易接受你提出的解决方案。

五、结构化表达，让沟通更有条理

在销售中，沟通时最忌讳的就是“漫无边际”。有的销售员滔滔不绝地讲了很多，客户听得却一头雾水。这时，结构化表达就能救场了！它就像一张导航地图，把沟通内容整理成清晰的路线图。无论是介绍产品、提案，还是交流解决方案，用结构化表达，客户不仅听得懂，还会听得更顺心。

结构化表达是一种逻辑清晰的沟通方法，将内容“排好队”，让客户先看到大局，再逐步深入，让你从头到尾都不跑偏。你可以把它想象成“搭建积木”：从底层开始，每一层都有支撑，稳稳当当地把重点传递给客户。

1. 结构化表达的三大“黄金要素”

（1）有序

按顺序展开，把客户从起点带到终点。不能“天上一脚，地上一脚”，而是一步步引导，让客户每一步都“有梯可爬”。

（2）有理

每个要点要有明确的逻辑支撑。比如，“为什么先讲这个，然后再讲那个”，所有信息都要环环相扣，只有客户听着顺畅，才能顺理成章地理解和接受。

（3）有趣

再好的内容如果太“干”，客户也很难坚持。用生动的比喻、简单的例子或者互动来吸引客户的注意力，从而让沟通更有代入感。

图 7-3　结构化表达的三大“黄金要素”

2. 结构化表达的四步法：让客户三秒钟抓住重点

（1）明确主题：开场点明“主题是什么”

话题一开场，先把核心主题提出来，就像新闻标题一样直接。这样客户能在一开始就进入“状态”，知道今天的话题“干货在哪”。

短短一句话，客户立刻明白了沟通的主线，不至于听到一半还在猜“你想说啥”。主题明确后，客户的注意力会更集中，也会更期待接下来的内容。

（2）列出核心要点：提供一个“提纲”

接着，给客户一个“提纲”，简单介绍即将讨论的几个重点，就像“菜单”一样展示沟通的主要内容。这样客户心里有个“全局感”，后续内容也更好消化。

提纲就像给客户打开了一张地图，让他们不再担心像在走迷宫。有了核心要点的指引，客户可以轻松地跟着你的思路走，逐步进入核心内容。

（3）层层递进：逐个击破每个核心要点

到了“递进”环节，就要对每个要点进行详细说明。这里的要领是由浅入深，先从总体功能入手，再一点点深入细节，让客户随着你的讲解一步步进入状态。确保客户的理解有循序渐进的过程，不至于被信息量淹没。在每个要点中，也可以适当加入小结，进而帮助客户回顾和巩固要点。

（4）总结与引导：收尾有力，引导后续行动

最后，用简洁的总结收尾，并为接下来的行动指明方向。这一环节是巩固成果的关键，让客户清晰地记住核心内容，并知道接下来干什么。结束时的引导还能增强客户的参与感，让沟通有始有终，使客户的体验更完整。

3. 结构化表达的小技巧

（1）分段讲解，保持节奏

不要一次性“砸”出太多信息，把内容分段讲解，每个段落独立展开，让客户听起来更轻松。

（2）用标题和列表呈现结构

标题和列表可以让信息层次更清晰，客户也更容易找到重点，避免被细节牵着走。

（3）小结巩固，帮助记忆

每完成一个模块做一个小结，有助于客户将要点拼成一个完整的概念，避免一头雾水，出现碎片化记忆。

六、故事化呈现，沟通像“电影”一样吸引人

结构化表达让沟通更有条理，但如果想让客户“走心”，还得把内容讲得生动。**故事化呈现就是把干巴巴的技术方案讲得像一部小电影一样，将客户带入情境。**

1. 故事化呈现的“三要素”

要讲好一个方案故事，离不开故事主角、情节和转折。这些基本元素构成了一个迷人情境，让客户觉得自己就是故事的主角。

故事需要主角，最好是客户自己，这样他们能自带代入感。故事情节需要一个紧张的情境，比如“客户遇到了什么问题？卡在哪儿了”，故事情节设计得越真实，客户的共鸣感越强。问题总有解决之道，这时候你的方案就像“英雄”一样登场。最后，展示方案的成果，让客户看到“柳暗花明”的转折。

2. 故事化呈现的四步法：让方案“活起来”

（1）设定背景：描绘出客户的“困境”

故事的开头要为客户描绘一个真实的场景，比如他们目前的业务“瓶颈”、市场压力或者管理难点。这样一来，客户的代入感会更强。

“去年贵公司赶订单，为了满足市场需求加速生产，但现有系统频频超负荷，导致数据混乱、管理失控，交付一再拖延。”通过一个“背景设定”，客户能立刻回想起当时的情境。这个真实的背景不仅能帮助客户更好地看见问题，也让他们感觉到你对他们的处境很了解。

（2）引出挑战：展示困境带来的“麻烦”

设定背景后，接下来就是痛点登场，进一步加深客户的代入感。展

示他们遇到的问题和挑战，让客户更容易意识到问题的严重性。

“结果是，生产错误率直线上升，设备维护成本也居高不下，客户对交付时间非常不满。您的团队焦头烂额，但苦于没有有效工具，只能被动应对。”这一步让客户认识到走出困境的紧迫性，也为你的方案登场做好铺垫。通过痛点的引出，客户会更好奇你的方案如何帮助他们“解困”。

（3）提出解决方案：亮出你的“撒手锏”

接下来，解决方案登场。向客户展示你的解决方案如何能够一步步解决这些痛点，让客户看到曙光和希望。解决方案要具体，不能只停留在“概念”上，而是要展示具体的行动步骤。

“于是，我们建议采用自动化管理系统，实时监控生产流程，确保在故障发生前得到预警，提前安排维护。系统还能优化生产调度，减少设备超负荷。”这样直接的描述既能让客户看到解决方案的实操性，也能让客户感受到解决方案带来的积极转变。在这个“转折点”上，客户会对解决方案的效果充满期待。

（4）展示成果：让客户感受“圆满结局”

故事的“结局”是解决方案的成效，展示解决方案带来的成果。具体的数据或成效会增强方案的说服力，给客户吃下“定心丸”。

“在这套系统的帮助下，S公司的故障率下降了40%，生产周期缩短了15%，客户满意度也大幅提升。管理层表示，终于可以轻松应对市场需求了。”通过成果展示，客户可以看到完整的效果，觉得方案不仅有道理，更重要的是“效果拉满”。这样一个圆满结局，更容易让客户对方案心悦诚服。

3. 故事化呈现的小技巧

（1）用真实案例，增强代入感

选择与客户类似的真实案例，讲解时客户更能感同身受，觉得方案不是空中楼阁。

（2）让客户当“主角”

描述中尽量以客户为“主体”，例如“您将会获得……”让客户觉得自己就是方案的“主角”，获得解决方案带来的“好处”。

（3）设置起伏，增强情节感

通过“挑战”到“方案”的转折，给解决方案一个戏剧性的效果，不仅能让客户印象深刻，还能增强情绪共鸣。

七、SPIN 提问法，让客户需求呼之欲出

SPIN 提问法是一种问题引导的销售方法，它的核心在于通过一连串的问题，让客户自己说出需求，最终引导他们意识到你的产品就是他们需要的最佳解决方案。

SPIN 提问法由四种提问方式组成：情境问题（Situation）、难点问题（Problem）、暗示问题（Implication）、需求确认（Need-Payoff）。通过这四种问题层层深入，客户会逐渐意识到他们存在的问题，并且产生改变现状的需求。SPIN 不仅是提出问题，更是通过巧妙的对话让客户从“我为什么买”变成“我必须买”。

图 7-4　SPIN 提问法

1. SPIN 的四个提问环节

（1）情境问题（Situation）：摸清现状

开始时，先从了解客户的基本情况入手。情境问题环节就像是初步了解时的“寒暄”，帮助你收集客户的基础信息。这类问题比较轻松，客户也容易回答。

（2）难点问题（Problem）：发现问题

了解客户现状后，接下来就是寻找客户现状中的“问题点”。难点问题环节帮助客户认识到自己的难题，并引导他们开始反思现状的不足。

（3）暗示问题（Implication）：揭示后果

当客户意识到问题存在，暗示问题的作用是进一步展示问题的“影响力”。通过提问让客户看到问题可能带来的后果，从而进一步激发他们“必须解决”的紧迫感。

（4）需求确认（Need-Payoff）：点明需求

最后一环就是需求确认，引导客户确认他们的需求，认识到解决问题的好处。这个环节往往会让客户意识到你的产品或方案能为他们带来的直接好处。

2. SPIN 提问法的运用

（1）情境问题（Situation）：从基本情况开始

情境问题是整个SPIN提问法的“开场白”，目标是帮助你了解客户的基本情况。它的目的是打好“地基”，在充分理解客户背景的基础上为后续提问做好铺垫。这类问题简单直接，客户回答时没有压力，例如：“目前您公司的生产流程是如何管理的？”“贵公司现在主要使用哪些设备来监控生产数据？”

情境问题尽量不要太多，否则会让客户觉得你没做功课。挑选几个关键问题即可，确保后续的难点问题有基础支撑。

（2）难点问题（Problem）：找出现状中的痛点

在情境问题之后，就可以直接进入难点问题环节了。通过提出难点问题，你可以引导客户自己说出有问题的地方。这一步要让客户意识到现状的缺陷，从而为暗示问题环节铺垫情绪。例如："目前的管理系统是否能够实时发现生产中的设备故障？""现有流程是否能够准确地追踪每批次的生产数据？"

难点问题要直指客户的痛点，帮助他们意识到问题的存在。这里的提问可以适当引导客户，让客户感觉到"好像确实有些不便之处"。

（3）暗示问题（Implication）：揭示问题的严重性

难点问题让客户意识到问题的存在，但轻微的问题往往不会引发他们的行动。暗示问题的作用就是放大问题的影响，通过展示问题的后果让客户认识到不解决问题会带来的损失。这个过程往往能让客户感觉到问题有点严重。例如："如果无法实时发现设备故障，是否会导致生产停滞甚至延误交付？""追踪数据不精准的话，会不会对您的质量管控带来影响，甚至导致客户投诉？"

通过这些暗示性问题，客户会意识到问题不只是"小麻烦"，而是会带来一系列负面影响。这一步帮助客户建立起对问题的紧迫感，让他们开始渴望改变现状。

（4）需求确认（Need-Payoff）：引导客户意识到解决方案的好处

到了SPIN的最后一个环节，客户的需求已经被逐步激发，需求确认的问题就是引导客户看到解决问题的好处。通过提问，你可以帮助客户想象"理想的状态"，并让他们主动认可解决方案的重要性。例如："如果有一套系统能够实时发现问题，确保生产流程顺利进行，您觉得对管理效率会有多大帮助？""假如可以实现数据精准追踪，减少生产差错，您认为对贵公司的客户满意度会有多少提升？”

需求确认的问题不仅可以促使客户认可解决方案，也可以引导客户自己总结出方案的好处。这样一来，客户会觉得“我需要这个方案”，而不是被动地接受推销。

3. SPIN 提问的小技巧

（1）让提问自然过渡

在每个问题之间可以加入一些自然的过渡语，比如可以说：“听起来你们在数据管理方面确实面临不少挑战，是这样吗？”让客户有一个轻松的对话环境，而不是感觉被审问。

（2）避免直接解决，适度保持悬念

在暗示问题和需求确认阶段，不要急着给出方案，要让客户自己意识到问题的严重性和解决的必要性，心中产生“好想听听你的解决方案”的感觉。

（3）多用开放式问题

要避免让客户简单回答“是”或“不是”，而是多用开放式问题，引导客户详细描述他们的需求和困惑，比如可以问：“这对您造成了哪些具体的影响？”

Part Three

下篇

技巧与素养

技巧不过是敲门砖，销冠们懂得将专业与温度完美融合。

每一次销售，都是一次心与心的碰撞。有时，销售员像哲学家，思考人性；有时，销售员似心理师，洞察人心；有时，销售员如艺术家，用语言勾勒出美好蓝图。

销售不仅是一门艺术，也是一种修行，让我们在服务客户中实现自我。

第八章

手到擒来的销售秘技

从事销售的门槛并不高，但要成为一个优秀的销售员并不容易。它要求销售员除必须具有高超的应变能力外，还要熟练各种销售技巧。**一个销售员要创造高人一等的业绩并获得丰厚的收入，唯一的秘诀是：训练，训练，不断训练。经过不断地演练、检讨、改进，形成一套属于自己的秘技。**

一、邀约的关键技巧

邀约就像舞台上的开场秀，是一个亮相的机会，既要自然，也要让客户觉得“这人有点意思，得见一见”。在邀约时，要抛开那些生硬的套路，重视细节，真诚沟通。

邀约时，记住以下几个要点：

1. 塑造第一印象：真诚而又轻松

客户的时间很值钱，你在邀约时如果讲一大串专业术语，很可能他连听都没听完就把电话挂了。邀约的时候别搞得太“高冷”，用轻松愉悦的语气，带点幽默效果会更好。比如：“张总，我研究了几天，发现我们这个新方案可能正好能帮您省点钱，这次肯定不会让您失望！”这样一来，客户觉得你既实在又有诚意。

（1）语气要轻松，别让客户觉得有压力

很多时候，客户对邀约的抗拒来自一种压力，所以邀约时尽量使用轻松的口吻，让客户觉得你并不是强推，而是发自内心地想要帮助他解决问题。

（2）别怕直白，有时候越直接越好

有时候说话绕来绕去会让客户糊涂，邀约时直接说出自己可以为其提供的好处反而更具吸引力。例如：“我这边有一个小方案，可能能给您带来不少好处，方便的话我们见面细聊，您看行不行？”

2. 明确见面目的：展示价值，而非兜售产品

邀约不是为了让客户当场拍板，而是给他一个明确的会面理由。客户在接到邀约时最关注的并不是你的产品有多“牛”，而是这次会面对

他来说值不值得。所以，邀约时请抛弃自卖自夸的套路，专注于客户的实际需求。试想，你会愿意见一个只顾自己推销的销售员吗？

（1）从客户角度出发，强调见面的价值

比如可以说："我们这个解决方案可能正好帮您解决最近的库存压力问题。"这种邀约方式简单清晰，让客户觉得见面聊聊是有意义的。

（2）用真实案例增强说服力

如果你能结合其他客户的成功案例，客户会更有兴趣。比如可以说："张总，咱们同行的李总用过我们的方案后，效果挺不错的，您也可以看看有没有适合您的。"

3. 研究客户的需求：为个性化邀约打下基础

如果你在邀约前稍微做点功课，客户会觉得你对他的业务情况非常了解，聊起来会更投机。试想，有位销售员邀约你时，他不仅能说出你的业务状况，还清楚你最近的困惑，听了是不是会觉得心动？提前了解客户的需求，邀约时才能更精准。

（1）提前挖掘客户痛点

比如，你发现客户最近在拓展新市场，资金有些紧张，那你就可以用"省钱"为切入点，来进一步激发他的兴趣："我想和您聊聊如何帮您在拓展新市场时更好地控制成本。"

（2）清晰传达"切中要害"的信息

直接告诉客户："我知道您最近在这方面遇到一些困扰，我们的方案可能对您有帮助。"这句话既有针对性，又能让客户觉得你真正了解他的需求。

4. 小小心理暗示，让邀约更有趣

在邀约过程中，可以适当地运用一些心理暗示小技巧，比如从众心理和时间紧迫感。很多时候，客户本来没有见面的想法，但通过这些心

理暗示，他会觉得“这个销售员懂我，见一见也无妨”。

（1）从众心理：让客户觉得同行都在参与

你可以说：“许多像您这样的客户用了我们的方案以后效果都很好。”让客户产生“既然别人都在用，那我也可以试试”的心理。

（2）时间紧迫感：让客户产生“错过可惜”的感觉

暗示“这段时间我们有个特别的限时优惠”，让客户觉得现在见面可能会获得额外好处，从而提高邀约成功的概率。

5. 避开邀约中的陷阱

邀约的关键在于要“稳、准、狠”，别让客户觉得你在“下套”。邀约中有几个陷阱，千万要注意避开，否则一不小心就会让客户对你失去兴趣。

（1）夸大产品效果

有些销售员喜欢在邀约时夸大产品效果，但这种吹嘘不仅不能激发客户兴趣，还会让客户对其专业性产生怀疑。所以，邀约时要实事求是，别把产品说得天花乱坠。

（2）频繁追问

有些销售员邀约失败后，不断追问客户原因，甚至频繁发信息，这种做法只会让客户产生反感。邀约后给客户一点思考空间，反而能提高邀约的成功率。

6. 邀约如何收尾

一个好的邀约收尾，可以给客户留下深刻印象。邀约不是一场马拉松，而是一击必中的短跑。最后，要简短总结会面目的，并表达期待，让客户觉得这个邀约是经过认真准备的。

（1）简洁概括邀约内容，传达专业态度

邀约结尾可以这样说：“希望这次会面能为您的业务带来新思路，

期待与您合作。”让客户感觉你非常专业，值得一见。

（2）确认细节，传递对客户的尊重

最后，确保见面的时间、地点等细节都明确无误，以防因细节疏漏让客户对邀约产生疑问。比如可以说：“那咱们周四上午10点见面，地点在您的办公室，可以吗？”简简单单的一句话，就能让客户感受到你的细致和专业。

7. 邀约失败后的补救

销售永远不可能次次成功，邀约也是如此。面对邀约失败，不必气馁，可以冷静分析失败原因，重新调整策略。说不定下次邀约，客户就愿意见你了。

（1）复盘失败原因，优化邀约方式

反思自己邀约失败原因：是开场语气不够轻松，还是提供的价值点不够吸引人？通过复盘可以找到改进方向，为下一次邀约积累经验。

（2）以平常心看待邀约失败

邀约失败是常事，不要因为一次拒绝而影响心态，保持积极心态反而更容易打动客户。即使这次不成功，下一次也可以找到新的突破点。

说到底，邀约并不是一场硬碰硬的较量，而是一个展示专业和真诚的机会。掌握好邀约的节奏和技巧，把每次邀约当成展示自我价值的机会。销售的每一步都是为了拉近与客户的距离，而邀约正是这场“接近战”中不可或缺的第一步。记住：只要你的邀约够“走心”、够有趣，客户见你的意愿自然就会越高！

二、问需求、谈需求

邀约成功后，终于到了“单刀直入”的时刻！在销售中，真正的高手不仅会讲解产品，还懂得如何询问客户需求，并引导客户说出内心的真实想法。和客户聊需求，**就像在掘金——问题问得巧，金矿就源源不断地冒出来；**如果方法用得不好，可能客户就会产生防备心理，什么也不愿透露。**下面我们来看看，有哪些幽默有趣的技巧，能够让客户“欲罢不能”，让需求主动浮出水面！**

1. 打破陌生感，先聊几句不痛不痒的

（1）小小的寒暄，打开话匣子

刚见面时，别直接问“您需要什么”，客户一时还没进入状态，突然被你这样一问，只会警惕起来。可以先来个轻松的开场白，聊些无关紧要的话题，比如可以说：“今天过来路上顺利吗？”“最近听说您公司的新项目搞得挺不错啊！”这些小寒暄就像一杯温水，让客户放松下来，渐渐进入顺畅沟通的状态。

（2）随口夸两句，客户心情愉快

如果客户今天穿得特别亮眼，不妨随口夸夸：“您这身打扮真精神啊，难怪最近公司的业绩这么好！”这种随和的赞美，既不会让客户觉得虚伪，还能调节气氛，让他觉得你这个人很亲切。只有在轻松愉悦的氛围里，客户才会愿意和你聊更多。

（3）分享行业趣闻，拉近关系

聊需求之前，别急着直奔主题，可以先聊一些行业里的趣闻或新动态，比如可以说：“最近看到有家公司搞了个全自动化项目，结果搞

成了‘全崩溃项目’，您听说这件事了吗？”客户听到后会忍不住笑起来，也会对你产生好奇，接下来才更容易聊到正题。

2. 提问要有技巧，别直接问“您缺啥”

（1）请教式提问，让客户说出真心话

询问需求时，别直接问“您需要什么”，这样客户会觉得你缺乏准备，好像只是在套话。比如可以说：“您觉得公司目前还有哪些方面可以再进一步优化呢？”这种请教式提问，会引导客户说出实际问题，而不是一味敷衍。

（2）抛个大胆的猜测，让客户忍不住回应

有时候，为了让客户放下戒备，可以大胆猜测一下他们的情况，比如可以说：“我猜，您是不是也觉得最近市场有点冷清？”客户一听，就有可能主动回应：“唉，确实如此，我们也头疼呢。”然后话匣子一旦打开，客户会忍不住讲述他们的实际情况和需求。

（3）用假设问题试探客户的真实想法

询问需求时，不妨假设一个场景：“如果您公司在未来两个月内业务增长30%，您觉得最需要改进的是哪一部分？”这样的假设会让客户思考并回答，往往他们的回答里就透露出真实需求。客户也会觉得你是在帮他们考虑未来，而不是只盯着当下的成交。

3. 听懂弦外之音，需求藏在客户的只言片语中

（1）关注客户提到的小困扰

客户聊到日常工作时，可能随口提到一些“小困扰”，比如他说：“每天要查那么多数据，累死人了！”别小看这句抱怨，这很可能就是客户的需求所在。你可以接话：“看来在数据分析方面咱们能做些文章啊！”这种机智的回应会让客户觉得你非常细心，接下来会更愿意和你聊下去。

（2）注意客户的反应

聊需求时，多注意客户的反应。当你提到某个功能或服务时，客户如果眼睛一亮、微微点头，就说明这个点触动了他们。你可以顺势说“您对这部分似乎挺感兴趣”，此时客户就可能敞开心扉，进一步分享他们的实际需求。

（3）找到客户话语中的关键词

有些客户可能不会直接表达需求，但他们的语言里会有一些关键词。比如，客户多次提到“效率提高”“成本控制”，这就是明显的需求信号。可以主动问：“您是希望在效率提高上有突破，对吧？”这种捕捉关键词的提问能让客户觉得你特别专业，合作意愿自然也会上升。

4. 用故事打动客户，让他们发现自己的需求

（1）别人的故事更有说服力

客户有时候并不觉得自己有什么需求，这时可以用“别人”的故事来引导。比如可以说：“最近我们帮××公司提高了30%的数据处理效率，他们起初也觉得没有这个需求，结果尝试后效果特别好！”客户听了，会很自然地想到自己的公司是否也能有这样的改变——需求可能就这么挖掘出来了。

（2）分享自己的经验教训

适当讲讲自己在类似项目中的经历，尤其是那些小的“翻车”经历，比如可以说：“有次项目急着上线，数据没分析清楚，结果差点掉链子，后来我们找到了更有效的方案。”客户会觉得你是个有经验的人，也会更愿意听取你的建议，把自己的需求悄悄透露出来。

（3）让客户自己对号入座

讲完故事后，可以问问客户：“您觉得这个方案在贵公司是否也适用？”这种对号入座式提问会让客户主动思考自己的需求，往往就能引

发对自己公司情况的深层次探讨，需求也就自然而然浮出水面。

5. 描绘未来蓝图，让客户意识到自己有需求

（1）描绘理想状态

可以和客户一起描绘理想状态："试想一下，如果数据分析自动完成，您每天可以省下两个小时用于其他项目，是不是工作效率会大幅提高？"客户在听到对理想状态的描绘时，往往会意识到当前的不足，对改进的需求也就更强烈了。

（2）让客户看到没解决问题的后果

适当地提醒客户注意潜在的风险："如果效率不提高，未来竞争激烈，您可能会在市场上吃亏。"这种点到为止的提醒，会让客户意识到问题的严重性，也会更加认同你提出的解决方案，需求自然就浮出水面。

（3）通过设定目标让需求变得更清晰

可以引导客户设定一个明确的目标，比如可以说："如果接下来的一个季度，我们帮您将成本降低15%，您觉得如何？"这种目标设定会让客户更具体地思考需求，也会更愿意通过合作来实现目标。

6. 总结需求，让客户清楚自己想要什么

（1）用一句话总结客户的需求

你和客户聊完一大圈，最后千万不要忘了总结需求。比如可以说："总结一下，您主要希望我们帮助您提高效率、降低成本，对吧？"这种简单明了的总结会让客户觉得你非常专业，对你的方案也会更有信心。

（2）复述客户的需求，确认信息准确

总结完之后，不妨再复述一遍，确认是否理解正确："您的需求是，短期内提升数据处理速度，长期看要降低运营成本，是这样吗？"这种确认式复述会让客户觉得你非常认真，从而进一步增强合作意愿。

（3）主动提出解决方案的大方向

在确认需求之后，不妨简单提一下解决方案的大方向："根据您的需求，我们可以先从自动化数据处理开始，逐步扩展到其他环节。"这种方向性的建议会让客户对接下来的合作流程有大致的了解，也会对你的方案充满期待。

三、万能三问法

在销售过程中，面对客户各种各样的需求和问题，怎样才能迅速摸清楚客户的真实想法呢？有一个好用的万能三问法，这三个问句看似简单，却能精准地引导客户不断深挖，最终透露出他们最真实的需求，仿佛销售界的“读心术”。

1. 问句一：能举个例子吗？

客户在描述需求或痛点时，往往容易用一些笼统的词语，比如“我们的效率不够高”“现在系统有些不顺畅”，听起来像问题，但缺乏具体细节。这时，万能三问法的第一招——“能举个例子吗”，就能派上用场。

（1）通过例子获得真实场景

当客户说“系统不顺畅”时，你可以直接问：“能举个例子吗？”客户可能会具体解释：“比如，我们每次汇总数据都得花三四个小时，而且经常出错。”这一下，我们就抓住了问题的具体细节，不再是模糊的“系统不顺畅”，而是具体的数据汇总出了问题。

（2）例子能帮助我们快速找到痛点

例子不仅让问题具体化，还帮助我们锁定客户的痛点。比如，当客户说“团队效率不高”时，可以继续问“能举个例子吗”，客户可能会回答：“我们每次都要花很长时间审批，审批流程太长。”这样就能发现客户真正的痛点是审批环节，而不是团队整体效率。这时，我们就能更有针对性地给出解决方案了。

（3）举例子让客户觉得你真正关心他们

当客户讲述具体的例子时，往往也在表达对问题的真实感受。每当你问“能举个例子吗”，客户就会觉得你特别认真、细致，不是只在意自己的产品，而是在认真倾听他们的困难，这样会让客户对你产生更多信任。

2. 问句二：出于什么原因呢？

当客户给出问题的例子后，我们还需要进一步了解是什么原因导致这些问题的发生。万能三问法的第二招——“出于什么原因呢”，便是探究原因、找到问题根源的关键一问。

（1）让客户自己反思问题来源

“出于什么原因呢”是一个非常有效的提问，它能够让客户停下来思考这个问题的背后成因，反过来帮助客户自己意识到问题的深层次原因。比如，客户提到“审批流程太长”后，你可以问：“出于什么原因呢？”客户可能会回答：“我们的审批层级太多了，每次都需要很多部门签字。”这样一来，问题的根源就逐渐清晰了。

（2）找到问题的根源，为下一步做铺垫

了解了问题的原因，就能更加准确地提出对应的方案。当客户说“我们的数据整理总出错”时，你可以问：“出于什么原因呢？”客户可能会回答：“我们的系统老旧，数据无法自动整合，都是手动录入。”那么，问题的根源就在于系统不够自动化，我们的解决方案就可以围绕这个方向来设计了。

（3）帮助客户理解问题的深层次影响

“出于什么原因呢”这个问题也能帮助客户重新审视问题的严重性。比如，当客户说“我们的客户流失率比较高”时，你追问：“出于什么原因呢？”客户可能会回答：“我们的售后反应慢，导致客户体验不好。”这个时候，客户对问题的紧迫感也会进而提升，自然会更重视与你的合作。

3. 问句三：这意味着什么呢？

有时候，客户可能未完全意识到问题的后果，或者对需求不够明确。万能三问法的第三招——“这意味着什么呢”，可以帮助客户更清晰地认识到问题的后果和重要性，进而激发客户的合作欲望。

（1）帮客户看到问题的影响

询问“这意味着什么呢”，能让客户进一步思考问题的连锁反应。比如，当客户说“我们的系统反应慢”时，你可以问：“这意味着什么呢？”客户可能会回答：“这意味着我们每天的工作效率被降低，影响了团队的整体进度。”这种思考会让客户意识到，问题远比他们想象的更严重。

（2）让客户意识到合作的重要性

客户在思考问题的“意义”时，往往会自然而然地想到如何解决它。比如，当客户说“我们数据处理很慢”时，你可以问：“这意味着什么呢？”客户可能会回答：“这意味着我们决策速度跟不上市场变化。”这个时候，客户自己已经意识到这个问题会影响公司的竞争力，同时愿意花时间和你探讨解决方案了。

（3）帮助客户更具体地表达需求

通过询问“这意味着什么呢”，客户会更清楚地认识到他们的真正需求。比如，客户提到“我们的客户反馈不及时”时，你可以问：“这意味着什么呢？”客户可能会回答：“这意味着我们的客户满意度下降，导致老客户流失。”这种具体的表述也让需求显得更明确，合作的方向更清晰。

4. 实际运用举例

为了让大家更好地理解万能三问法的威力，我们通过一个具体的应用场景，看看怎么运用万能三问法把客户需求引导出来。

场景：客户表示“目前的系统反应不够快”。

销售员第一问：“能举个例子吗？”

客户可能会回答：“每次月底结账，我们的数据处理时间都会拖延好几天，经常还要加班处理。”这一问，客户的困扰就从模糊的“系统反应慢”变成了“数据处理拖延、需要加班”的具体问题。

销售员第二问：“出于什么原因呢？”

客户可能会回答：“主要是我们的系统数据整合功能较弱，每次月底结算都需要人工重新核对。”这一问，让销售员找到了问题的根源：系统整合功能不足，导致月末数据处理效率低下。

销售员第三问：“这意味着什么呢？”

客户可能会反思道：“这意味着我们财务部门每个月都要额外加班，而且月底结账拖延影响了财务分析的及时性，甚至影响了决策。”这样一来，客户的需求和问题已经彻底暴露：他们需要一个高效的数据整合系统，以提升月底财务数据处理的速度。

通过这三板斧，让客户更清晰地表达了需求，有利于销售员对症下药，从而找到解决问题的方向。

5. 使用万能三问法的技巧

（1）保持自然，不要让客户觉得在被审问

提问题时，语气要自然、随和，别让客户觉得自己在被“盘问”。

可以用轻松的方式提问："您能再举个例子吗？这样我可以更具体地了解情况。"客户会觉得你是真诚地想了解情况，而不是在机械地套话。

（2）适当总结，确保信息准确

每次问完万能三问法中的问题后，不妨简要总结一下客户的回答，比如可以说："所以，您是希望减少数据处理时间，提高财务结账的效率，对吧？"这种小结会让客户觉得你在认真听他说话，同时能帮助你梳理客户的需求。

（3）在万能三问法中寻找合作机会

每个问题的回答中，都可能隐藏着合作机会。比如，客户在回答"这意味着什么呢"时提到的连锁反应往往是他们亟待解决的，这时可以适当地提出自己能提供的服务。比如可以说："如果我们的系统能帮助您减少处理时间，您觉得是否符合预期？"

四、探索类问题、控制类问题与确认类问题

在销售这场“拉锯战”中，问对问题才是制胜的关键！高手之所以是高手，往往就在于他们能够把问题问得恰到好处，让客户自然而然地吐露心声，敞开心扉，把需求送到你面前。

1. 探索类问题，让客户不知不觉把需求说出来

探索类问题的关键作用在于打开话匣子！这些问题就像是在客户面前摆放了一张舒服的沙发，让他们坐下来聊个够。探索类问题没有固定答案，鼓励客户多说，把话题打开，让我们在轻松的氛围中挖掘出更多的信息。

（1）引导客户“头脑风暴”

询问客户需求时，别直接问“您需要什么”，你可以尝试提问：“您觉得目前工作中最大的挑战是什么？”客户一听，思路马上就打开了，可能会滔滔不绝地说出目前工作中遇到的各种难题。你就能从中挖掘客户的需求。客户还会觉得你关心的不只是卖东西，而是真心想帮他们解决问题。

（2）让客户描绘理想状态

探索类问题还能帮助你了解客户心中的理想状态。比如，你问客户：“如果系统能自动处理这些数据，您觉得对工作会有什么帮助？”客户会在这个问题中描绘出他们的理想状态，而你在旁边可以默默记下这些关键需求！客户在描述中会逐渐意识到自己的需求，还会觉得你特别理解他们的愿望。

（3）选好轻松话题，让客户不设防

探索类问题的关键是要轻松自如，让客户觉得你是来帮忙的，而不是盘问。比如可以说："在工作流程里，有没有什么让您感到头疼的地方？"这种提问像是在聊天，让客户放下戒备，可能会顺势抱怨一下工作中的各种难处，而这些正是他们的需求所在。这样轻松一聊，信息就不知不觉地浮现了！

2. 控制类问题，把对话拉回正轨

当客户打开了话匣子，聊得兴起时，我们需要用到控制类问题，把话题聚焦到关键点。控制类问题有点像"方向盘"，一方面帮你掌握谈话的方向，另一方面让客户在关键问题上做出更明确的回答，避免对话跑偏。

（1）直截了当地确认客户意图

控制类问题常常是封闭式的，比如可以说："您是不是希望通过我们的服务提高工作效率？"这样的问题简单直接，客户的回答通常是"是"或"不是"。当客户回答"是"的时候，实际上就认可了你的服务能够满足他的需求，为后面的对话铺好了路。

（2）层层缩小问题范围，逐步锁定需求

控制类问题还能帮你把客户的话题从模糊转变为清晰。比如，当客户说"我们有些流程不太顺畅"时，你可以问："不顺畅的流程主要是在数据处理上，还是在审批流程上？"这样一来，客户的回答就会聚焦到具体的需求点，而你也抓住了问题的核心。

（3）关键时刻，把客户的关注点固定下来

在客户对某个功能或服务表现出兴趣时，用控制类问题将关注点固定下来。比如可以说："您是不是对这个新功能特别感兴趣？"客户一旦点头，你就顺着这个话题深入挖掘，后面谈得更有针对性。通过这种

锁定客户兴趣的方式，客户会觉得你特别懂他们的需求。

3. 确认类问题，确保理解到位

确认类问题是为了确保你理解到的需求和客户的真实想法一致，就像是在沟通的每一步上确认你和客户在同一个频道上。这种问题不仅能帮你确认客户的需求，还能让客户感到你对他非常关注。

（1）复述客户需求，确认细节

确认类问题的经典方式就是复述客户的需求，比如可以说：“所以您是希望通过我们的系统来减少人工操作的次数，对吧？”这句总结式提问会让客户觉得你很专业，并且认真倾听了他们的想法。这种确认不仅能避免沟通误解，还会拉近和客户的距离。

（2）在关键点上重新确认，让客户更有安全感

确认类问题还能进一步确认客户的需求细节，比如可以说：“因此，您的目标是把数据处理速度提高20%，对吗？”客户会在确认时更加坚定需求的目标，也会感到被理解和尊重。与此同时，客户知道你已经理解了他们的需求，就会更信任你的解决方案。

（3）为下一步打好基础，逐步推进合作意向

确认类问题还能为后续的合作铺路。比如你说：“如果我们能帮您实现这个功能，您是否会考虑与我们进一步合作？”客户一旦认可了，后面的合作自然顺理成章。确认类问题不仅是对需求的总结，也为下一步的合作打下了良好的基础。

五、共情

简单地说，共情就是站在客户的立场，设身处地地理解客户的感受。共情并不是迎合，而是通过深刻理解客户的痛点、担忧和期待，让客户觉得你是真心为他们着想，而不仅仅是为了推销产品。拥有共情力的销售，才能在沟通中找到与客户的共鸣点，让成交变得顺理成章。

1. 倾听客户的情绪，而不仅是话语

很多销售员听客户说话，听的是客户字面上的需求，却忽视了隐藏在话语背后的情绪。共情的第一步，就是用心倾听客户的情绪。比如，当客户说“这个流程真的太麻烦了”时，你要听出他在表达的并不仅是“麻烦”，还有他心中的不满和焦虑。

（1）回应客户的情绪

当客户吐槽流程麻烦时，不妨这样回应：“听起来这个流程确实让人挺头疼的。”这样的回应让客户感到自己被理解，话题不再是冷冰冰的“流程”，而是关乎他自身的体验。这种理解客户情绪的回应，能拉近你和客户的距离，让客户更愿意与你继续交流。

（2）适时表达自己的感受

共情的另一种表现是适当表露自己的情绪，让客户知道你也理解他们的感受。比如，当客户说“总是要反复确认数据，特别浪费时间”时，你可以回应：“我能理解，这种重复性工作真的让人心烦。”客户会觉得你不是一个冷冰冰的销售，而是一个可以共情的伙伴。

2. 用客户视角看问题

客户的抱怨有时看似无关紧要，但从他们的角度来看，可能就是大

事。因此，学会切换到客户的视角去理解问题，往往能让你更快找到沟通的共鸣点。

（1）把自己假装成客户

比如，客户说："我们的系统每次加载都特别慢，真是浪费时间。"你可以试着设想一下自己每天面对这种情况的感受，然后回应："如果我每天都要等系统加载，我可能也会头疼。"这样一来，你的回应会让客户觉得你完全理解他的困扰，接下来的沟通也会更加顺畅。

（2）表明你理解他的关注点

当客户表达出他的需求或担忧时，确认并表达你对他的关注点的理解。比如，客户对成本问题很敏感，你可以回应："在市场竞争这么激烈的情况下，控制成本确实至关重要。"客户会觉得你理解他的关注点，对你的建议也会更愿意接受。

3. 用客户的语言去沟通

客户可能来自不同的行业和领域，他们惯用的术语、关注的焦点可能和你有所不同。共情的高手会刻意调整自己的表达方式，让沟通变得自然顺畅。

（1）学会使用客户的术语

客户说"我们希望能提高KPI的达成率"，不要简单地回应"好的，我们可以帮您提高效率"，而是要用他的语言来回应："那我们的方案可以帮助您提高KPI的达成率。"客户会觉得你在他的"频道"上，更愿意继续沟通。

（2）把客户的行业痛点融入沟通

比如，和制造业的客户交流时，可以提到"如何降低库存率"或"提高生产线效率"；和零售行业客户聊天时，可以关注"客流转化率"。当客户觉得你了解他们的行业时，会觉得你更专业，也更愿意向你敞开心扉。

4. 共情不是讨好，而是共鸣

共情并不是一味地讨好客户，而是找到与客户的共同点，让他们从心底信任你。通过共情建立的关系，比一味迎合来得更加持久稳固。

（1）适当指出可能的挑战

在共情的基础上，适当地指出可能遇到的挑战反而能让客户更信任你。比如，客户希望在短期内解决效率问题，你可以共情地说：“这个目标很重要，不过可能需要一点时间才能完全实现，您觉得可以吗？”这种真诚的态度会让客户觉得你实事求是，也会更加信任你的建议。

（2）用真实感换取信任

在销售过程中别过分承诺，要用真实感去换取信任。比如，客户担心使用新系统会有适应期，可以坦诚地说：“确实需要一段时间来适应，但我们会全程支持，保证平稳过渡。”客户会觉得你的态度真诚，合作中会更加放松信任。

六、谈判节奏

共情是销售的润滑剂，让客户觉得“你懂我”。

谈判节奏是销售的节拍器，让整个流程有条不紊。

共情让客户从情感上信任你，而掌控谈判节奏则让整个过程不急不慢、收放自如。最终，两者结合，让客户不仅对产品动心，更对与你的合作充满信心。

谈判就像跳舞，不仅要讲究技巧，还要讲究节奏。太急，客户会觉得你急于成交，产生戒备心理；太慢，又可能被客户带着走，失去主动权。因此，掌握谈判的节奏，可以让你在谈判中游刃有余，把握住每一个关键点。

1. 掌握谈判的开场节奏

谈判一开始就全力推进，可能会让客户产生抗拒心理；而若开局太过缓慢，客户可能觉得你没有足够的信心。所以，开场节奏是谈判的第一步。

（1）给客户一个“软着陆”

谈判一开始，不要急于抛出你的目标，而是和客户寒暄几句，营造轻松的氛围。比如，聊聊行业动态、客户的业务情况，让客户逐渐进入谈判状态。这种“软着陆”式开场会让客户的戒备心逐渐降低，从而为进一步谈判做好铺垫。

（2）缓缓递出核心问题

在开场聊得差不多时，可以自然地引出谈判的核心问题，比如可以说：“我们来看看今天的议题，探讨一下具体的合作方案吧。”这种缓缓递出问题的方式，让谈判在不知不觉中进入正题，而不是突然抛出需求问题。

2. 谈判中保持收放自如

在谈判过程中，需要适当放缓节奏，以便了解客户的态度和底线，也需要适当推进，掌握主动权。这个“收放”之间的平衡，决定了谈判的最终走向。

（1）适时停顿，让客户思考

有时候在谈到一个关键点后，可以稍作停顿，让客户有时间思考，反而能让客户更愿意接纳你的方案。比如，当你报出价格时，不要急着补充，可以稍微停顿一下。这个空隙能给客户缓冲的空间，促使他认真思考。

（2）当客户有所犹豫时，放缓节奏

当客户有所犹豫时，不妨放缓节奏，让客户在不紧不慢的沟通中逐渐放下戒备。比如可以说：“我明白这个价格对您来说需要重点考虑，不妨再仔细看看方案内容。”这种放缓节奏的方式，会让客户觉得你在为他的利益考虑，从而缓解紧张感。

（3）当客户态度明确时，适时加快步伐

当客户明确表示对方案感兴趣时，可以顺势加快推进节奏，比如可以说：“既然您对这个方案很认可，我们可以讨论一下具体的执行细节。”这种顺势加快的节奏会让客户感到你准备充足，接下来的谈判将会更加顺利。

3. 适当使用让步策略，拉近彼此的距离

在谈判中，让步是推动进展的利器，但让步也需要注意节奏，不能一开始就让到底，要一点一点让，边让步边试探客户的反应。

（1）小步让步，测试客户反应

在谈判初期，先做一些小让步，比如服务期限、附加服务等，观察

客户的反应。如果客户明显对此感兴趣，可以进一步提出条件。小让步能让你控制谈判的走向，避免因一次性做出大让步而失去主导权。

（2）让步后适时反问客户

每一次让步之后，试着用反问的方式回到谈判中，比如："我们这次的报价已经优化到位，您觉得这个方案是否符合您的预期？"通过让步和提问相结合，客户会觉得你为他着想，也更容易接受你的条件。

4. 控制谈判的收尾节奏

谈判进行到尾声，不能急着结束，也不能拖泥带水。一个顺畅的收尾节奏不仅让客户心情愉悦，也让他更愿意与你合作。

（1）用确定性语言收尾

谈判接近尾声时，可以用确定性语言收尾，比如可以说："看起来我们达成了一致，下一步我们会尽快开始。"这种确定性语言让客户觉得合作顺利达成，安心结束谈判。

（2）在收尾前复盘关键点

收尾前不妨复盘一下谈判的关键点，让客户有个清晰的整体印象："今天我们确认了价格、服务内容和时间表，您觉得还有其他需要补充的吗？"这种简洁的复盘让客户觉得你特别专业，收尾顺其自然。

（3）预留回旋空间，避免步入死胡同

收尾时，留有回旋余地，不要一锤定音。可以说："如果接下来有新的需求，咱们随时沟通调整。"这种灵活的收尾方式让客户觉得合作不是死板的而是有弹性的，也为后续合作打下了良好的基础。

七、异议处理

在销售过程中，客户提出异议再正常不过了。其实，异议不仅是客户表达顾虑的方式，也可能暗示他们对产品的潜在兴趣。因此，异议处理是一个绝佳的机会——通过巧妙的回应和解答，让客户对产品更加信任，甚至对你这个销售伙伴更有好感。

真正的销售高手不仅不会畏惧异议，反而能借此机会展示自己的专业和真诚，逐步消除客户的顾虑，把“冷冰冰”的疑问变成“暖心”的信任。

1. 先认同客户，再回应异议

（1）共情式认同客户的感受

当客户提出异议时，先不要急着反驳，试着认同客户的感受。比如，客户说“这个价格有点高”时，你可以回应：“是的，您的考虑很有道理，很多客户在了解我们产品时也会有类似的想法。”这种共情式认同让客户觉得自己被理解了，心情放松下来，也更愿意和你继续沟通了。

（2）将异议转化为产品优势

认同之后，可以试着将异议转化成产品的优势。例如可以说：“我们的价格确实比一般产品稍高，因为我们采用了顶级材料，保障了更长的使用寿命。实际上，从长远来看，这种高品质能为您节省不少维修和更换成本。”这样的回应让客户意识到价格高背后的价值，有助于降低价格高带来的抗拒心理。

2. 用事实、数据和案例回应质疑

（1）引用成功案例增强信任感

面对客户的异议，不妨引用其他成功客户的案例来作为支撑。当客户质疑产品效果时，可以说：“××公司和您有类似的需求，他们采用我们的方案后，工作效率提高了30%，而且后续几乎没有维护成本。”客户听到其他客户的成功案例，会产生信任感，觉得自己的选择是被验证过的。

（2）用量化数据增强权威感

数据能让抽象的产品效果变得更具有说服力。当客户担心产品投入成本较高时，不妨用数据来对比：“我们的方案每年能帮您降低15%的运营成本，这样算下来，您在两年内就能收回投资。”这种量化的数据对比能让客户更直观地看到长期收益，避免因为价格问题而打退堂鼓。

3. 提供灵活的解决方案，减少客户的“试错成本”

有时候，客户的异议并不是对产品本身的否定，而是出于投资的压力。在这种情况下，提供灵活的解决方案不仅能打消客户的顾虑，还能让他们感受到你的贴心服务。

（1）提供试用期或分步实施方案

如果客户对产品效果有疑虑，可以建议先试用一段时间，可以这样回复：“要不先试用一个月，您可以观察效果，满意后再决定是否签约。”这种试用方案能让客户放下顾虑，觉得有了“缓冲期”，风险也随之降低。

（2）分期付款，降低客户一次性投资压力

面对预算有限的客户，可以提供分期付款的选择：“我们也支持分期付款，这样您的预算压力会小很多。”这种灵活的付款方式让客户有了更大的操作空间，同时降低了由于预算问题而拒绝合作的可能性。

4. 把异议变成进一步了解客户的机会

（1）追问更多顾虑，深入挖掘需求

客户的异议往往是他们真实需求的“冰山一角”。可以利用异议来追问更多细节："您觉得这个产品功能复杂，您是担心团队适应时间太长吗？"这种反向式追问会让客户表达更多顾虑，帮助你更加精准地理解他们的需求。

（2）利用异议转化需求，将其当作成交信号

异议实际上是客户需求的"信号弹"。比如，客户表示对产品的长期效果存疑，说明他们看重的是持久性。你可以这样回应："我们的产品设计就是为了适应长期使用，能够确保五年以上的稳定性。"将异议转化为展示产品优势的机会，不仅打消了客户疑虑，还增加了成交的可能性。

八、逼单话术

处理拒绝是销售的“防守”，让客户的拒绝变成探讨的机会，而逼单是销售的“进攻”，让客户在时机来临时自然地做出购买决定。

所谓“逼单”不是施压，而是用话术制造一种机会难得的氛围，让客户主动意识到尽快做出决定的好处。以下是一些常见的逼单话术，帮你把握成交的临门一脚。

销售的最终目的是达成合作，而有时候，面对客户的犹豫不决，恰到好处的“逼单”反而可以推动成交。

1. 制造“稀缺感”，让客户感觉到不抢就没了

（1）限时优惠

这种话术适合客户犹豫不决时：“我们今天的优惠是最后一天，错过了就没有这个折扣了。”客户往往对时间限制比较敏感，觉得时间不等人，可能会加速决策。

（2）库存紧张

如果你的产品数量有限，可以用这种话术：“这批产品就剩下两三个了，下一批到货要等下个月。”这种稀缺感会让客户觉得如果不尽快下单可能会错失良机，迅速下决心购买。

2. 强调成功案例，让客户产生从众心理

（1）借势行业标杆

借势标杆公司时可以说：“××公司刚刚采用了我们的方案，他们反馈效果特别好。”客户听到标杆公司也采用这个方案，往往会产生从众心理，更容易接受你的产品。

（2）客户背书

可以提到一些客户是通过推荐得知的："最近有几个客户是朋友介绍来的，他们反馈效果非常好。"客户会觉得既然别人都认可这个产品，自己也值得尝试一下，所以这种从众心理会更容易推动客户下单。

3. 使用成本对比，让客户意识到拖延的代价

（1）直接对比成本

如果你的产品能为客户节省成本，可以直接算账："如果您现在开始使用，每年可以省下 × 元，越早使用越划算。"这种直接的数字对比让客户一目了然，拖延反而会增加成本，促使他早点下决心。

（2）强调机会成本

可以让客户意识到拖延的机会成本："竞争对手可能已经在使用类似的方案了，您再等，可能就错过了抢占市场的机会。"这种暗示会让客户觉得竞争压力巨大，从而激发他们尽早购买的动力。

4. 描绘未来蓝图，让客户对结果充满期待

（1）描绘理想状态

在客户犹豫不决时，可以和他一起描绘理想状态："用了我们的方案，您的团队效率会提高不少，您绝对不会后悔！"客户会被这种愿景打动，觉得现在的决定会带来未来的丰厚回报。

（2）提前让客户入戏

通过提前描绘合作后的细节，来增强客户的信任感："后续我们会有专人全程跟进，保证方案顺利实施。"客户会觉得，你不仅在卖产品，还在帮助他解决问题，从而愿意尽早达成合作。

5. 用"后悔提醒"策略，推动客户做出决定

（1）贴心提醒

对于还在犹豫的客户，可以带着轻松的语气说："可以再考虑考虑，

不过到时候可别后悔错过了！”这种语气虽没有施压，却带来了一种“不买可能会遗憾”的潜在暗示，客户往往会因此加速决策。

（2）“错过的案例”提示

可以用一些错过的案例来提醒客户：“有位客户当初也是犹豫不决，后来决定购买时价格已经上涨了，现在挺后悔的。”客户会觉得自己不想重蹈覆辙，因此会更加倾向于尽快下单。

6. 使用“确认式”逼单，温和而有力

（1）轻松确认

在客户基本认可的情况下，直接提出轻松的确认信息：“那我们就定下来啦？这样您也可以尽早享受服务了！”这种确认式逼单显得自然流畅，客户也很容易顺势答应。

（2）主动确认

还可以采用主动确认的方式来推进成交：“如果没有其他问题，我们今天就可以签合同啦，怎么样？”这种话术简单直接，会让客户更顺利地进入成交状态，避免拖延。

九、识破成交信号

绝大多数情况下，客户是不会主动说“好吧，我同意下单了”，但他们的下单意图会不自觉地通过语言、行为等表现出来，如热切的眼神、不停地点头、询问细节等。这些是客户动心的信号，销售员就应该抓住这一时机发起猛烈的冲锋，一举拿下这块“高地”。一般来说，我们可以从语言、表情与行为，来判断客户是否释放出购买的信号。

1. 语言见实情

当客户开始仔细询问使用方法、售后服务、交货期、交货手续、支付方式、保养方法、使用注意事项、价格、新旧产品比较、竞争对手的产品及交货条件、市场评价等内容时，我们可以认为客户已经表达出了自己的购买欲望。

例如，客户这样问：“我再试一下你的产品好吗？”“你们公司什么时候能交货呢？”“对于这个产品，你们公司有没有什么保证措施？”“没有附属设备不会影响它的效果吧？”在客户咨询过程中，还会听到其他种种信号，如盛赞竞品以求得到优惠，询问折扣情况及促销日期，询问付款方式……这些都是客户即将购买的信号，销售员遇到这些情况时，应该加一把劲，提出签单的要求。

2. 表情泄天机

客户在洽谈过程中，表情会随着洽谈的内容而改变。例如，客户在听销售员介绍产品时认真而专注，或者面带微笑、心情畅快。当然这也分两种情况：第一种是客户对产品没有异议，愿意购买；第二种是客户没有任何购买欲望，纯粹是礼貌性应付销售员，这种客户一般不会问及价格，即使问也有比较强烈的异议。

常见的表情信号有眼神活跃、双眉舒展、嘴唇抿紧、神色友好、若有所思，身体前倾等。销售员如果看到客户出现这样的表情，就应该知道客户大概率有购买意愿，需要趁热打铁。

3. 行为表意愿

客户一旦决定购买，心理一般就会放松下来，在行为举止上自然会表现出放松的状态。例如，坐着的客户由原来的前倾变为后仰。

此外，客户的双脚也可能出卖他的心思，当客户说“你不降价，不给我优惠，我可走了啊”，尽管上身已经有转身的动作了，但双脚还没有跟上，这说明客户是在探测你的价格底线，这时候就要看哪一方撑得住了。

第九章

销售冠军的自我修养

如果你留心观察那些销冠，就会发现他们从来不是靠外表装扮、花言巧语或奢靡生活来标榜自己。那些开豪车、戴名表、穿梭饭局的所谓销售精英，往往难以持续创造真实价值。

销冠们靠的是过硬的内在实力。他们对产品了如指掌，对行业深入研究，对客户需求具有敏锐的洞察力。他们不靠花言巧语骗取订单，而是通过专业知识和真诚服务赢得客户的信任。这才是销售行业真正的职业精神。

一、从专业素养到成功之路

在形形色色的销售冠军中，有的稳重如会计主管，有的儒雅似医生，有的精明像律师。虽然他们形态各异，但有一些共性是值得我们学习的。

1. 激情

一个卓越的销售冠军，首先需要对工作充满激情。他们就像舞台上的艺术家，将每一次销售都视为一场精心策划的演出。在接触客户之前，他们会做好充分准备，设计好每个环节的互动方式，并在销售过程中灵活把控节奏。这种艺术家般的工作态度，不仅体现在他们对细节的追求上，更体现在他们感染客户的能力上。

2. 乐观

乐观的心态也是销售冠军的特质。他们深知，今天的成功是明天的动力。即便面对最棘手的客户，他们也能保持乐观的心态，并努力找到突破口。在与客户交往的过程中，他们善于发掘每个人的独特之处，帮助客户建立自我价值感。这种以人为本的销售理念，往往能给他们带来意想不到的效果。

3. 专业

在与客户沟通时，销售冠军展现出的不仅是商品本身，更是自己的专业价值。他们能在短时间内让客户相信自己是最好的顾问或专家。这种自信不是装出来的，而是源于扎实的专业功底和丰富的实战经验。就像一位优秀的医生，他们能准确“诊断”客户的需求，并提供最适合他们的解决方案。

4. 耐心

销售冠军的成功往往都经过精心设计。他们的每一步行动都像下棋一样经过深思熟虑，既要考虑当前情况，也要着眼长远。但这种策略性并不意味着他们会采取不正当的手段，相反，他们更注重与客户建立长期的信任关系。对于收入，销冠们往往保持着平和的心态。虽然销售行业确实存在高收入的机会，但销冠们并不是一开始就抱着快速致富的心态入行的。他们更注重在专业道路上稳步前进，把提供价值放在首位。当他们真正成为行业专家时，丰厚的回报自然会随之而来。

二、打有准备的仗

正所谓“兵马未动，粮草先行”。一次成功的销售，在与客户交谈之前就已经开始了。充分的准备工作不仅能让我们在客户面前展现专业形象，更能为后续的成交铺平道路。

每一个成功的销售都不是偶然的。当你站在客户面前的那一刻，你的准备程度就决定了你的专业高度。充分的准备工作能让你在客户面前展现出专业的形象，还能增强自信，轻松应对各种可能出现的状况，从而提高拜访的效率和成功率。

那么，销售准备工作包括哪些内容呢？

1. 了解产品

（1）掌握产品知识

作为销售员，我们必须对自己的产品了如指掌。这不仅包括产品的基本参数，更需要理解产品的核心价值、产品的技术优势、产品的应用场景、产品的使用方法、产品的更新迭代。

只有真正了解产品，才能在客户面前侃侃而谈，进而建立专业可信的形象。

（2）准备产品案例

优秀的销售员不是简单地介绍产品功能，而是要通过具体案例展示产品价值。好的案例能让抽象的产品特性变得具体和可信。因此，你需要做到：收集成功案例，整理用户反馈，准备数据支撑，总结应用心得。

（3）熟悉解决方案

产品知识要转化为解决方案，这些方案包括针对不同行业的解决方案、针对不同规模企业的方案、针对不同应用场景的方案，以及方案的实施流程和周期。一定要让客户感受到，我们带来的不只是产品，更是解决问题的完整方案。

2. 了解客户

（1）收集客户信息

在拜访客户前，要尽可能多地了解客户这些信息，比如企业基本情况、行业地位和市场份额、主要业务和产品、发展历程和规模、企业文化和价值观。这些信息能帮助我们更好地理解客户需求，从而进一步制订合适的销售策略。

（2）分析客户需求

基于收集的信息，提前分析与预判客户可能的需求：业务痛点是什么？目前采用什么解决方案？为什么需要改变现状？决策的关键考虑因素是什么？自己先回答这几个问题，这样能让我们的方案更有针对性。

（3）了解决策流程

提前了解客户的采购决策流程：谁是关键决策人？决策流程有几个环节？采购预算如何？付款流程是怎样的？搞清楚这些问题，能帮助我们更好地推动销售进程。

3. 了解行业与竞品

密切关注行业最新动态，如技术发展趋势、政策法规变化、市场热点话题、重要行业新闻，这些信息能让我们的交谈更有深度和前瞻性。

此外，要清楚地了解主要竞品的市场定位，竞品与我方产品的优劣势对比、价格对比、服务模式比较。这能帮助我们更好地应对客户的质疑。

4. 物料准备

（1）展示材料

提前准备好展示材料，如产品介绍PPT、产品样册和图片、技术白皮书、案例视频等。要确保这些材料的专业性和完整性。

（2）销售工具

销售工具主要有展示用的笔记本电脑或平板电脑、纸笔文具、名片。此外，如果有必要，还可以带上产品样品与演示设备。另外，要确保所有工具都处于最佳状态。

5. 制订策略

（1）设定目标

这次拜访要达成的目标是什么？最理想的结果是什么？最低限度要实现什么？下一步计划是什么？

提前设定好明确的目标，能让拜访更有针对性。

（2）准备话术

针对不同情况，准备合适的话术，其内容涵盖开场白、产品介绍、价格谈判、异议处理、促单成交。在正式会谈时，话术也要随机应变。

（3）应对预案

针对可能出现的情况，制定应对预案，如客户提出的疑问、竞品比较的问题、价格谈判的策略、紧急突发情况等。心中要有预案，才能从容应对。

6. 时间管理

提前预约并确认会面时间，赴约时要提前到达，给自己预留一定时间来熟悉环境、调整状态、整理思路，让自己以最好的状态面对客户。

总的来说，充分的准备工作是销售成功的基石。准备越充分，就越能从容应对。了解越深入，方案就越精准。策略越完善，成功率就越高。

三、对产品了如指掌

销售员的产品知识懂得越多，工作起来就越有信心，在销售过程中也就越有主动权。销售员需要掌握的产品知识主要囊括下列10个方面：

1. 产品名称

你所销售的产品，无论是几种、几十种还是上百种，每一个产品的正式名称、简称、俗称都必须记住。

2. 产品内容

必须了解与该产品有关的知识，这样才能回答客户所提出的各种问题。以制造业为例，凡是产品的规格、型号、构造、成分、功能、用途、修理方法、保存方法、使用年限、有效期限以及注意事项等都需要牢记。

3. 使用方法

要熟练地掌握所销售产品的使用方法。说明书里有的内容要记住，没有涵盖的注意事项或使用要领也要记住。

4. 产品特征

你所负责的产品如果比同行竞品的综合性能更好，就要把它作为销售时的利器。反之，如果它比同行竞品要差，也要特别留意究竟差在什么地方，并事先研究出对策，以应对用户就此问题的疑问。

5. 售后服务

有关售后服务，公司都有明确的规定，要正确无误地向客户送达。要做到这一点，必须熟记有关规定。

6. 交货期与交货方式

如果合约到期却交不了货，给客户造成麻烦，客户一定会追究公司和销售员的责任。因此，销售员平时应掌握库存、发货、生产周期等有关情况，不要签订明知交不了货的合同。

交货方式有直接从仓库交货、火车托运、水运和空运等不同方式，根据订货量的大小不同，其运送方式也不同，要清楚不同情况下使用何种运货方式，并能清楚无误地计算运费。

7. 价格

要搞清楚公司规定的标准销售价和允许的降价幅度，同时要清楚标准销售价和降价的关系。

8. 研究同行竞品

无论哪一种产品，都会有不少直接竞争对手。要想取得竞争的胜利，必须透彻地研究对手的产品。其方法包括查阅本公司所收集的竞争对手的有关资料，听取上司以及有经验同事的意见。此外，本人还要亲自接触对手的产品，并和本公司的同类产品进行比较，找出其长处和短处。不仅要研究产品本身，还要研究售后服务、价格、付款方式、说明书等。

9. 材料来源与生产过程

公司所使用的原材料是国产的还是进口的？这是客户可能会问起的问题。有的客户还会问到产品的生产过程，因此销售员应该知道这方面的知识。

10. 相关商品

凡是本公司生产或经营的产品，即使不由你负责销售也应该略知一二。此外，总公司的销售员对于子公司生产或经营的产品也应有所了解。如果客户向你问起这方面的内容，你直接说“我不知道”，那就很容易让客户觉得你不专业，甚至怀疑公司的可靠性。

只有将以上10个知识点都了如指掌，你的产品知识才称得上达到要求了。

四、做好表面功夫

穿着打扮虽然只是表面功夫，但如果连表面功夫都不做好，还谈什么实际行动呢？

事实上，合适得体的穿着打扮，是对和你打交道的客户的一种尊重。如果你表面功夫不做足，恐怕连步入实质性销售阶段的机会都没有，更别提销售的结果了。

对于销售员来说，得体的穿着不是万能的，但不得体的穿着是万万不能的。衣着打扮有品位、格调高的销售员，往往占尽先机。当然这并不意味着打扮得越华丽越好，对于销售员来说，最重要的是打扮适宜得体，这样才能赢得客户的重视和好感。

生活中，我们经常看到这种现象：有的女性，长得并不十分漂亮，而且体型也不十分优美，虽然她穿的衣服并不华丽，且都是一些简单、素雅的衣服，可是在这种简单、素雅的装扮中，却能显现出她超凡脱俗的气质。有一名女销售员，她很会打扮，她的同事和朋友都十分欣赏她，对她的穿着打扮经常赞不绝口。可是她并不追赶潮流，不是流行什么就穿什么，而是会选择适合自己的衣服来打扮自己。她的衣服从来都是与众不同的，总是给人一种新意、一个亮点，让你耳目一新。她也十分重视衣服的搭配，不同的服饰交错地搭配，就会呈现出不同的效果。她走在哪里，都是一道亮丽的风景线，所以她的忠实客户一直很多。

毫无疑问，服装在视觉上传递着你所属的社会群体的信息，它也能够帮助人们建立自己的社会地位。在大部分社交场所，你要看起来就属于这个群体的人，就必须穿得像这个群体的人。正因如此，很多豪华高贵的国际品牌服饰产品，虽然其价格高得惊人，却不乏出手阔绰的消费者。人们把华丽的服装、不菲的收入、让人羡慕的社会身份、一定的权威、高雅的文化品位等相关联，人们看到一个职场人士穿着华丽、高品质的服装，就会联想到其事业上有卓越的成就。

为了在着装上能够得体，以达到一种和谐统一的整体视觉效果，销售员有必要遵守一些着装原则。

1. 要和自身“条件”相协调

要了解自身的缺点和优点，用服饰来达到扬长避短的目的。所谓“扬长避短”重在“避短”。比如，身材矮小的人，适合穿造型简洁明快、小花形图案的服装；肤色白净的人，适合穿各色服装；肤色偏黑或发红的人，忌穿深色服装；肤色偏黄的人，最好不要选和肤色相近的或色调偏暗的服装，如棕色、深灰色、土黄色、蓝紫色等，它们容易使人显得缺乏生机。

2. 要和身份、角色相一致

每个人都扮演不同的角色，拥有不同的身份，这样就有了不同的社会行为规范，在着装打扮上也自然有一定的规范。当你是柜台销售人员，就不能过分打扮自己，以免有抢客户风头的嫌疑；当你是企业的高层领导，出现在工作场所就不能随心所欲。

3. 要和所处的环境相和谐

当人置身在不同的环境、不同的场合，应该有不同的着装，注意穿的服装和周围环境要和谐。比如，在办公室工作就需要穿着正规的职业装或工作服；在比较喜庆的场合如婚礼、纪念日等，可以穿着时尚、潇洒、鲜艳、亮丽的服装；在悲伤场合如葬礼、遗体告别等，参加者的心情是沉重而悲伤的，所以要穿着庄重、肃穆。

4. 要和着装的时间相协调

只注重环境、场合、社会角色和自身条件而不顾时节变化的服饰穿戴，同样也不好。比较得体的穿戴，在色彩的选择上也应注意季节性。如春秋季节适合选中浅色调的服装，如棕色、浅灰色等；冬季可以选偏深色的，如咖啡色、藏青色、深褐色等；夏装可以选颜色淡雅的丝棉织物。

五、良好的自我管理能力

一个无法管理好自己的销售员，同样无法管理好他的客户。

销售员是相对自由的职业之一，一个销售员如果不能管理好自己，他将必败无疑。销售员的自我管理，就是要使自己的思想行为条理化、规范化，以达到潜能的最大限度发挥、素质的良好利用。

1. 目标管理

美国销售员培训专家伊斯曼说："设置目标是成功的第一次演习。制定目标很有效，它增加了你的动力，迫使你选择优先重点及使你对自己负责。有了目标就可能使你更经常地取得成功。"

销售员在制定目标时，应遵循以下六个原则：

工作目标要比实际目标高；

长期目标要高远，短期目标要实际；

销售目标与个人目标尽可能相结合；

用笔将目标写在纸上；

经常审查你的目标；

及时把不再要求达到的目标剔除。

在制定具体目标时，要注意以下六点：

设定目标应符合实际，太高的目标是没有意义的；

内容应统一，要与工作内容相匹配；

设定期限，可分为长期（3 ~ 5年）、中期（年度）和短期（三个月）目标；

制作量化数据表，便于跟踪和评估；

必要时可进行变更与修正；

将目标视觉化，不断提醒自己。

2. 时间管理

分析所有的销售冠军，你会发现他们都极其珍惜时间。与客户商谈前，他们都会做好充分准备，往往开门见山直奔主题，既为自己也为客户节省时间。时间就像东流的水，要懂得充分利用每一分每一秒。

销售冠军们普遍遵循以下时间管理原则：

碎片时间要充分利用，可用于规划下一个访问对象；

每次访问后立即做好总结和记录；

对浪费时间的活动说“不”，避免无谓的应酬和消遣；

将晚上时间合理分配，21 点前完成工作和社交；

保证充足的学习和思考时间。

只有通过目标管理和时间管理的有机结合，销售员才能在激烈的竞争中占据一席之地。

六、销售的八条戒律

戒，是人生中的一种准则，它无时不在，无处不在。每种游戏都有它的规则，每个行业都有它的禁忌，每个群体有它的纪律。在销售行业中自然也有一些戒律。

1. 戒污言秽语

销售员为了更好与人融洽相处，通常应包容别人和自己的不同之处，因此也需要容忍别人的坏习惯，比如客户习惯性的污言秽语。但销售员本人绝不能使用污言秽语，特别是在销售过程中更要注意这一点。

对销售员来说，骂人的陋习却不得不戒。一个满口脏话的销售员必然整体素质低下，走到哪里都不招人喜欢。

另外，色情的、低级趣味的语言和文字，一些人拿它们当作有趣的调侃，而作为一名销售员则应该自觉远离。

如果你的客户是个满口脏话的人，你该怎么办呢？销售员要具有容人之心，因为客户的性格、教育程度、人生经历各不相同，所以客户的表达方式各异也不足为怪，在容忍对方的同时，销售员要做到出淤泥而不染，始终温文尔雅。

根治秘方：严于律己，时刻警醒自己要做一个文明的人，对于客户的语言习惯，不指责，不反驳，不附和，择其要点而听之。如果遇到客户恶言相向，也应以礼相待，以礼相争。总之，一名合格的销售员应该以较高的语言素养要求自己。

2. 戒信口开河

有这样一些销售员，他们容易受情绪波动影响，说起话来没边没谱。他们并非因为滔滔不绝而惹人生厌，却因为胡乱讲话、胡乱许诺，渐渐把个人的诚信丧失掉，最后使自己成为一个不可信的人。比如，一个卖按摩椅的销售员，明明知道他的产品只有缓解疲劳的作用，可他非要说包治百病；一个卖保健食品的，明明知道其产品只具有预防疾病的功能，他偏要说成有根治疾病的功能。

“蚊虫遭扇打，只为嘴伤人”，不计后果地信口开河，是人际交往之大忌。因为无论一个人的出身、地位、权势、风度多么骄人，也都有不能与人言及、不容冒犯的角落，当你有意无意地触碰到这些角落时，就会遭人厌恶。特别是在职场上信口开河更是大忌，不仅暴露了自己的肤浅，也让人一眼看穿心意。对客户信口开河的结果，最终只能让客户丧失对你的信任，生意上的合作自然也没有你的份了。

根治秘方：要做一个守信的人，首先，不要胡乱承诺，免得超出自己的能力而做不到，反而丧失了诚信。其次，答应别人的事一定要记在心中，如果脑袋记不住就用笔记下来，切勿因为疏忽而失信于人。“知之为知之，不知为不知”，对于不熟悉的东西请谦虚向他人请教，切勿信口开河，让客户看扁你。总之，销售员在说话之前要先想想，切莫因语失而得罪人。

3. 戒措辞失当

如果销售员敲门后这样说，“我今天就是来卖这款产品的”，那效果会怎样？你是不是立刻联想到自己口袋里的业绩奖金就要长着翅膀飞走了呢？你不妨把刚才那句话修改一下，说：“某某先生，这个产品只需要300元。”你体会出这两句话之间的差别了吗？

语言是一种有魔力的东西，同一件事物，表述的方法不同，其效果是大相径庭的。销售员和律师一样，必须擅长使用语言来展现他们想要或需要的结果，以及使用语言来引导某人给自己一个正面的或负面的答案。因此，你应该小心地使用语言来帮助你销售产品、服务或理念。

根治秘方：多使用具有正面意义的词语，如乐趣、快乐、舒适、安全感、信赖、节省、健康等。你可以列一张自己的“正面词语表”，反复练习使用这些词语，使它们成为你工作的得力帮手。

4. 戒唇枪舌剑

作为一名销售员，如果像古代辩士一样，将客户质问得哑口无言，会得到什么？是尊敬和佩服吗？错了，客户才不会由此而尊敬你呢，他们反倒会觉得这个销售员面目可憎。所以，有经验的销售员绝不会把客户逼入无话可说的境地，因为与客户争论本身就是无益的。

即便销售员无意与客户一争长短，但在这个世界上的确有一些客户会使你的销售生涯痛苦不堪，又有谁说过销售工作是件容易的事呢？无论你的客户如何威胁你或是不讲理，除争论外，一定还有其他方式可以解决彼此之间的分歧。总之，绝对不要和你的客户争吵。如果你承认客户永远是对的，请不要因为一场争吵而让他否定你的产品，否则客户一丁点儿的不悦都会让你花很大代价才能摆平，不值得。

根治秘方：当你感觉你的客户变得很敏感时，你要小心地应对他的情绪。当你询问客户问题或陈述一件事情时，态度要柔和谦卑。千万不要和你的客户争辩，因为那是不划算的。想一想这个道理吧！

5. 戒迟到

谁愿意等人？尤其是不知道他什么时候来。无所事事地左看右看，好不容易到了约定时间，人家还是不见踪影，再等等吧，还是不来。直到你快要失去信心时，对方来了，嘴上说：“对不起，对不起，我被耽误了一下。”即便你嘴上不说，估计心里也很不痛快吧。

“己所不欲，勿施于人”，既然不想白白地等别人，那么也不要让别人焦急地等你。当你和客户约定时间见面时，千万要准时赴约，在确定会迟到的情况下，一定要提前打电话告知对方，并说明大概抵达时间，请求对方谅解。每逝去的一秒钟都不可能再回头。销售员不但要珍惜自己的每一秒时间，也不要浪费别人的时间，请记住：时间就是金钱。

根治秘方：首先，合理安排时间，既不浪费自己的时间，也不浪费别人的时间。其次，销售员要给生活和工作制订完整的计划，这样才不会因为时间安排的不足而迟到。最后，销售员要树立守时的信念，即便是女性销售员，也不要相信女人有迟到的权利，因为商场上没有女士优先的说法。

6. 戒陋习不改

习惯不是什么理由，但习惯常常被人们当成理由。人的习惯是多次重复的结果，自然而然，甚至是潜意识中就做出了反应。好的习惯固然应该发扬，但坏的习惯也并非不可改正。

坏的习惯，或许在当事人自己看来，似乎无伤大雅，但是客户却很反感这些行为。这些习惯包括挖鼻孔、眼神飘忽不定、爱传八卦、没事抖脚、敲桌子等。这些令人厌恶的习惯如果不加以改正，在谈判中是很考验客户耐性的，你觉得客户能在多大程度上忍耐你？

根治秘方：有则改之，无则加勉。要牢记自己是一名销售员，是社会精英，自己的一言一行都会影响工作业绩。

7. 戒懒惰

在销售行业，可以说“万恶懒为先”，实在不能想象一个懒惰的销售员能够成功。不只是销售员，在社会各行各业中，都没有懒汉的一席之地，所以懒惰对于销售员而言就是成长中最大的敌人。

根治秘方：想想人生的意义，并想想自己所面临各方面的压力。要知道懒惰是一种思想，而这种思想很累人，勤劳反而是件轻松的事。

8. 戒卑躬屈膝

销售员一定不能有盛气凌人的态度，但是也一定不能卑躬屈膝。身为一个销售员应该以自己的职业为荣，因为它是一份值得别人尊敬且会使人有成就感的职业，并没有任何低人一等之处。有一则研究中显示，一个优秀的销售员即可为30位工厂的员工提供稳定的工作机会。

销售员绝不应该用这样一种方式求得业务：“某某先生，请帮帮我吧，我必须养家糊口。”

面对所谓的乞讨式销售，客户可能会用语言或行动告诉你，在生意场上没有慈善家。而且可以确定的一点是，那位销售员再也不会受到这位客户的欢迎了。

乞求别人购买你的产品是一种绝望的征兆。它勾勒出一幅不安全、不稳定和欺骗的画面，这是失败者才会干的事情。赢家绝不会去乞求别人的施舍，他们只会努力使自己的工作做得更好，让自己变得更优秀，他们以自己的工作为荣，也以满足客户的需要为荣。

根治秘方：首先，必须认识到销售是光荣的、合法的。其次，要明白销售工作不但不低人一等，相反，它是一份高尚的职业。最后，改进自己的销售方法，养成不卑不亢的销售作风。

七、勤复盘，快成长

销售工作是一个不断积累经验、持续提升的过程。而复盘，正是将这种经验转化为能力的最有效方法。曾子云："吾日三省吾身。"对于销售人员来说，每天的复盘总结同样重要。通过系统的复盘，销售员可以快速找到自己的不足，明确改进方向，实现持续成长。

1. 建立科学的复盘体系

（1）设定固定的复盘时间

每天工作结束后预留30~60分钟的复盘时间。不要等到记忆模糊时再进行总结，而应趁着细节还清晰时及时复盘。建议将复盘时间固定在每天下班前或晚上休息前，培养良好的复盘习惯。周末则可以安排较长时间进行一周的整体复盘。

（2）准备专门的复盘工具

建立完整的复盘笔记或电子文档，将每天的复盘内容分门别类地记录下来。可以使用销售管理软件或简单的Excel表格，记录每天的拜访情况、成交数据、客户反馈等信息。同时，准备录音笔，记录重要的销售谈话，方便后续分析。

（3）制定清晰的复盘框架

复盘不是漫无目的的回忆，而是要有明确的框架和重点。具体可以从以下几个维度进行：

①计划完成度：今天的拜访计划完成了多少？

②效果评估：各项工作取得了什么效果？

③问题分析：遇到了哪些困难和问题？

④经验总结：有什么值得借鉴的经验？

⑤改进计划：明天应该如何调整和改进？

2. 重点关注客户拜访复盘

（1）记录完整的拜访信息

具体可以从以下几个方面进行：

①客户基本信息：公司规模、决策流程、采购周期等；

②接触人信息：职位、决策权限、个性特征、兴趣爱好等；

③谈话要点：客户的需求、关注点、异议和顾虑等；

④竞品情况：客户使用的竞品、对竞品的评价等；

⑤下一步计划：后续跟进的时间、方式和重点等。

（2）分析拜访效果

①是否达到了预期目标？

②客户的反应如何？

③哪些话题激发了客户兴趣？

④哪些环节出现了问题？

⑤时间控制是否合理？

⑥准备工作是否充分？

（3）提炼成功经验和教训

①成功案例中的亮点是什么？

②有什么独特的谈话技巧？

③失败的原因在哪里？

④如何避免类似问题出现？

⑤客户的哪些特点值得注意？

3. 深入进行销售话术复盘

（1）记录关键对话

①开场白的效果如何？

②产品介绍是否到位？

③如何应对客户异议？

④价格谈判过程如何？

⑤成交时的关键对话是什么？

（2）评估沟通技巧

①语言是否精准专业？

②表达是否清晰流畅？

③是否注意倾听客户谈话？

④肢体语言是否得体？

⑤情绪管理是否到位？

（3）优化话术体系

①总结高频使用的话术；

②针对不同类型客户设计不同话术；

③建立异议处理话术库；

④完善价格谈判话术；

⑤更新成交技巧话术。

4. 注重数据指标复盘

（1）跟踪核心指标

①拜访量：每天拜访客户数量；

②新客户开发：新增意向客户数量；

③转化率：意向客户转化为成交客户的比例；

④成交额：每单成交金额及总金额；

⑤回款率：销售回款完成情况。

（2）分析数据变化

①与往期数据作对比；

②找出数据波动原因；

③发现数据之间的关联；

④预测未来发展趋势；

⑤制定改进措施。

（3）制订提升计划

①确定新的量化目标；

②调整工作重点和方法；

③强化薄弱环节；

④复制成功经验；

⑤建立激励机制。

5. 定期进行团队复盘

（1）分享个人经验

①交流成功案例；

②吸取失败教训；

③讨论解决方案；

④互相提供建议；

⑤共同进步提高。

（2）总结团队经验

①提炼团队优势；

②找出共同问题；

③统一销售标准；

④完善工作流程；

⑤优化管理制度。

（3）制订团队计划

①确定团队目标；

②分配工作任务；

③明确责任分工；

④建立考核标准；

⑤跟踪执行情况。

通过以上科学系统的复盘，销售员能够快速积累经验，不断提升自己的专业能力。

需要注意的是，复盘不是简单的记录和回顾，而是要通过深入思考和分析，找到问题的本质，制定切实可行的改进方案。同时，要将复盘当成一种习惯，持之以恒地执行，才能实现可持续的进步和成长。

复盘的目的是提升销售业绩，因此在复盘过程中要始终围绕“如何提高成交率”这个核心问题展开。通过不断总结和改进，销售员可以逐步建立起自己的方法论，形成个人的竞争优势。

正所谓“台上一分钟，台下十年功”，勤于复盘的销售员终将在激烈的市场竞争中脱颖而出。

后记

勤学、苦干、执行到位，你可以超过了 99% 的销售同行

读完这本书时，你可能会有这样的感慨：原来销售还可以这样做！是的，销售并不神秘，也不需要与生俱来的天赋，它更多依赖的是科学系统的方法和执着的实践。

在我多年的销售生涯中，见过太多人在寻找所谓的销售密码。有人痴迷于话术技巧，有人寄希望于销售技能培训，还有人四处打听成功销售的独门秘诀。然而，真正的销售高手，往往是那些能够将简单的事情重复做，并且做到极致的人。

记得有一位销售新人问我："老师，您说的这些方法我都懂，可是为什么我的业绩还是上不去？"我反问他："你真的按照九步成交法一步一步严格执行了吗？你每次拜访客户前都做了充分的准备吗？你是否每次都用心记录了客户的反馈，并及时做了复盘？"他愣住了，随后不好意思地承认，很多步骤被他想当然地略过了。

这让我想起了李小龙的一句名言："我不怕练过一万种拳法的人，我只怕把一种拳法练过一万遍的人。"销售工作也是如此。掌握了方法不等于就能成功，关键在于持续不断地练习和严格地执行。那些看似普通的基础动作，恰恰最容易被忽视，却是决定成败的关键。

在本书中，我们详细讲解了九步成交法、销售漏斗管理、多种实用销售技巧等内容。这些没有任何神奇之处，它们都是经过时间验证的实用性工具。真正的关键在于执行——执行的态度、执行的力度和执行的

持续度。那些成功的销售人员，往往不是把方法研究得最透彻的人，而是把方法执行得最到位的人。

如果你认真阅读了这本书，相信你已经全面掌握了有关销售方面的专业知识。但知识不等于能力，方法不等于成功。真正的考验才刚刚开始：你是否愿意放下自己的小聪明，老老实实地按照这些方法去做？你是否能够经受住客户的拒绝，依然坚持正确的拜访流程？你是否能够在取得一些小成就后，继续保持谦虚学习的心态？

勤学、苦干、执行到位，这不是束缚你的枷锁，而是助你成功的阶梯。当你能够做到严格执行每一个步骤，你可以超过了99%的销售同行。因为在这个浮躁的时代，真正能够沉下心来，踏踏实实做事的人，必定能够走向成功。

让我们一起努力，在销售这条路上，走得更稳，走得更远！